Ohne Netz

Alex Rühle

Ohne Netz

Mein halbes Jahr offline

Ernst Klett Sprachen
Stuttgart

Diese Ausgabe ist eine für den Unterrichtseinsatz bearbeitete und von Alex Rühle autorisierte Fassung der Originalausgabe *Ohne Netz – Mein halbes Jahr offline*, die im August 2010 im Verlag Klett-Cotta und im Oktober 2011 als Taschenbuch im DuMont Buchverlag erschienen ist.

1. Auflage 1 5 4 3 2 1 | 2016 15 14 13 12

Internetadresse: www.klett.de / www.lektueren.com

Redaktion: Stefan Hellriegel
Textbearbeitung: Kerstin Sonnenwald, Sebastian Weber
Layoutkonzeption: Sandra Vrabec
Gestaltung und Satz: Satzkasten, Stuttgart
Umschlaggestaltung: Sandra Vrabec
Titelbild: Sandra Vrabec
Bild auf Seite 144: Alex Rühle, Privatarchiv
Druck und Bindung: Medienhaus Plump GmbH, Rolandsecker Weg 33, 53619 Rheinbreitbach
Printed in Germany

ISBN 978-3-12-666902-3

Inhalt

LIZENZVERTRAG

Lizenzabkommen

Ohne Netz

ANALOG INC.
LIZENZVERTRAG FÜR "OHNE NETZ – MEIN HALBES JAHR OFFLINE"

BITTE LESEN SIE DIESEN VERTRAG SORGFÄLTIG DURCH, BEVOR SIE ZU SCHREIBEN BEGINNEN. FANGEN SIE GAR NICHT ERST AN, WENN SIE MIT DEN VERTRAGSBESTIMMUNGEN NICHT EINVERSTANDEN SIND. IN DIESEM FALL KLICKEN SIE EINFACH AUF "ABLEHNEN", BLEIBEN DAS NÄCHSTE HALBE JAHR ÜBER GENAUSO ONLINE WIE ALLE ANDEREN UND MACHEN STATT DES DIGITALEN FASTENS IRGENDETWAS ANDERES SINNVOLLES MIT IHRER ZEIT. WENN ES IHNEN ABER ERNST IST MIT DEM INTERNETENTZUG, DANN LESEN SIE DIE FOLGENDEN PUNKTE DURCH UND KLICKEN ANSCHLIESSEND AUF "AKZEPTIEREN".

HIERMIT VERSPRECHE ICH:

- **vom 1. Dezember 2009 bis zum 31. Mai 2010 sowohl zu Hause als auch in der Arbeit das Internet vom Rechner zu schmeißen und meine Mailbox abzuschließen.**
- **in den sechs Monaten weder an den Rechnern meiner Arbeitskollegen ins Netz zu gehen noch am Computer meiner Frau oder in irgendwelchen Internetcafés, Hotels und ähnlichen Orten der Versuchung.**
- **für die gesamte Zeit meinen Blackberry abzugeben und auch sonst kein Smartphone zu nutzen (auf Dienstreisen darf ich mir ein uraltes, internetunfähiges Handy von meinen Eltern leihen).**
- **eventuelle digitale Rückfälle und Übersprungshandlungen zu beichten.**
- **ein Entzugstagebuch zu führen für all die anderen Ottonormaluser, die rund um die Uhr online sind und nicht mehr recht wissen: Liegt's am Netz? Liegt's an mir? Ist meine Zerstreutheit noch normal? Warum schau ich eigentlich alle zwei Minuten in meine Mailbox? Und kann mein Mann denn nicht wenigstens im Urlaub sein blödes Handy ausmachen?**

Ablehnen | Akzeptieren

DER TAG DAVOR

Der Proband bereitet sich vor Zeugen auf sein Experiment vor, verabschiedet sich von all seinen Freunden und hat im Aufzug Angst, so zu enden wie ein sibirischer Einsiedler. Alles beginnt aber mit einem stummen Duell und der Frage, ob das denn überhaupt erlaubt sei.

30. NOVEMBER

Mittags, auf dem Weg in die Kantine, bitte ich Christopher und Bernd, mit mir einen kurzen Umweg zu machen, bei den Jungs von der IT, im zweiten Stock, vorbei. Ich will die beiden als Zeugen dabeihaben. Der Sachbearbeiter, der mir das Gerät vor etwa einem Jahr ausgehändigt hat, fragt zuerst, ob das ein Scherz sei.

»Nein, ich will nur, dass Sie das Ding in Verwahrung nehmen. Am 31. Mai komme ich und hol's mir wieder ab.«

»Aber warum denn nur?«

»Ich gehe ein halbes Jahr offline.«

»Da können Sie den Blackberry doch auch zu Hause in eine Schublade stecken.«

Ebenso gut könnte ein Dealer seinem Kunden sagen, um clean zu werden, reiche es, das Crack auf den Schrank zu legen, außer Sichtweite, vielleicht noch in einer Kaufhof-Tüte verstecken, dann werde das schon klappen mit ein bisschen gutem Willen. Ich halte dem Mann stumm meinen Blackberry hin. Er sieht mich regungslos an und verschränkt die Arme. Mittlerweile schauen uns alle Mitarbeiter in dem Büro zu, Christopher und Bernd stehen feixend in der Tür, Bernd sagt: »Der meint's ernst.« In dem Moment kehren sich die Fragen ins Sorgenvolle: Ob mit mir alles in Ordnung sei, ob ich Probleme mit dem Ding habe. »Ja, hab ich, deswegen sollen Sie's ja zurücknehmen.« Da steckt er den Blackberry achselzuckend in die oberste Schublade seines Schreibtischs und sagt: »Sie kommen doch eh nachher ohne Ihre Freunde zurück und holen ihn sich heimlich wieder.«

Als ich nach dem Kantinenbesuch beim IT-Support anrufe, versteht die Sachbearbeiterin erst mal gar nicht, was ich will. Ob denn irgendwas nicht stimme mit meinem Internet.

»Nein, alles wunderbar und makellos, ich will's bloß ein halbes Jahr los sein.«

Stille in der Leitung.

»Hallo? Sind Sie noch dran?«

»Ja. Schon. Ich weiß bloß gar nicht – ... Ist das denn erlaubt?«

Erst als ich der Frau mehrfach versichere, dass das wirklich abgesprochen sei, mit der Chefredaktion und mit der Ressortleitung, verspricht sie mir, um 22.30 Uhr Mozilla Firefox, Skype, Lotus Notes und den Internet Explorer von meinem Rechner zu schmeißen.

Nach diesem Anruf werde ich unsagbar nervös, ich schreibe wie besessen E-Mails und ziehe mir panisch Zeug aus dem Netz, für die Zeitungsthemen der nächsten Wochen, aber auch für dieses Tagebuch. Wer weiß, vielleicht finde ich ja noch gute Texte über digitale Sucht, Beschleunigung, Überforderung. Oder einen weiteren geistreichen Lobgesang auf die Allzeitvernetzung und Intelligenz des Internets. Noch vor einer halben Stunde fühlte sich das Ganze an, als würde ich heimlich auf Abenteuerurlaub fahren. Jetzt ist es, als würde ich für eine gnadenlose Arktisexpedition packen, auf der ich ein halbes Jahr keinen Menschen sehe, ein Fehler, Greenhorn, und du erfrierst elendig zwischen Eisschollen.

Kurz vor Dienstschluss stelle ich mit Erstaunen fest, wie dumm der sogenannte Abwesenheitsagent ist. Gibt man zwei Daten ein, formuliert er daraus den kategorischen Satz: »Ich werde vom 1. Dezember bis zum 31. Mai nicht im Büro sein.« Ich werde aber die meiste Zeit im Büro sein, du bescheuerte Kiste. Genauer gesagt die halbe Zeit: Ich werde das kommende halbe Jahr im monatlichen Wechsel zu Hause und in der SZ* verbringen, um besser unterscheiden zu können zwischen den Auswirkungen, die das Offlinesein auf mein Arbeits- und auf mein Privatleben hat. Man

* »Süddeutsche Zeitung«. Eine der wichtigsten deutschen Tageszeitungen.

kann den Satz nicht umformulieren, nur was drunterschreiben: »Halt! Stimmt nicht! Ich bin die meiste Zeit da. Aber ich habe für sechs Monate meine Mail abgestellt. Über postalische Zuschriften, Faxe oder gar persönliche Besuche freue ich mich in dieser Zeit des digitalen Fastens noch mehr als sonst schon.« Danach noch eine Sammel-Mail an gute Freunde, in der ich mich verabschiede und sie bitte, mich nicht zu vergessen. Friedmann verspricht in seiner prompten Antwort, er werde »nachher mal auf den Dachboden steigen – Hausstaubmilben, ich komme! – und Postkarten raussuchen«. Dann fragt er noch, wie viele Mails ich heute bekommen hätte, »am letzten Tag vor deinem Harakiri«. War ein ganz normaler Tag: 68 Mails im Eingang, 45 geschrieben. Ich mache den Rechner aus, ziehe meine Jacke an, stelle mich in den Aufzug und denke: »Harakiri. Gute Nacht, du schöne Welt.«

Und jetzt? Magert mein Leben ab zur analogen Mangelexistenz? Verkomme ich zu einem dieser bärtigen Sonderlinge, die einem in den Fußgängerzonen aus speckigen Jutebeuteln eng bedruckte Zettel über den nahenden Weltuntergang zustecken? Werde ich so einsam wie der sibirische Einsiedler, den sie in den Neunzigerjahren in einer Blockhütte unterm Polarkreis fanden und der nicht mal wusste, dass Stalin tot ist? Oder weitet sich mein Alltag? Erlebe ich stille, epiphanische Beglückungen, weil ich mehr im Moment weile als andere? Wär natürlich wunderbar. Ein halbes Jahr Rundumerfüllung und reine Aufmerksamkeit, ganz'n'gar im Hier'n'Jetzt.

Auf dem Heimweg, am Gasteig, radle ich gedankenverloren auf der falschen Straßenseite den Berg runter und sehe nicht, dass unten eine Polizeistreife steht. Strafzettel, 15 Euro.

DEZEMBER

Erster Monat, in dem der Proband zunächst schwere Entzugserscheinungen durchlebt. Er wird gehänselt, träumt von den Great Plains des Netzes und wird im Büro verhaltensauffällig. An Erfreulichem sind die dramatische Befreiung eines Erpels, ein Einladungsbrief aus einem bayerischen Hochsicherheitsgefängnis und ein stiller Silvesterabend zu vermelden.

1. DEZEMBER

All die Monate werde ich früh schlafen gehen, so viel steht schon mal fest. Wenn ich jeden Morgen um fünf Uhr am Schreibtisch sitzen will, muss ich ab sofort mit den Kindern ins Bett. Als B., meine Frau, gestern Abend sah, wie ich den Wecker stellte, sagte sie: »Bist du sicher? Ich hab dich öfter aufwachen sehen als du dich selber. Ist doch schon um sieben ein schwerer Kampf für dich.« Das stimmt, die härteste Nebenwirkung am Kinderhaben ist für mich das frühe Aufstehen. Ich bin eine Morgenmemme.

Es ist kurz vor fünf, ich sitze mit einer Kanne Grüntee im fahlen Blaulichtbezirk meines Rechners, nur der Bildschirm glimmt. Eigentlich sollte das Tagebuch entstehen in einer Zeit, in der ich entspannt durchs Leben flaniere. Ich wollte dafür ein Sabbatical* nehmen, was leider nicht geklappt hat. Also stattdessen in Nachtschichten, mit zusammengekratztem Urlaub. Die Entspanntheit muss ich irgendwie hinter dem Rücken meines Alltags in den Text hineinschmuggeln, schließlich gleicht ebendieser Alltag mittlerweile eher einem gramgebeugten Kohlekumpel als einem Flaneur: Schwarz von Staub fährt er jeden Tag erneut ein in den klaftertiefen Schacht namens Arbeit. Hätte ich jetzt das Internet offen, würde ich sofort schauen, wie tief ein Klafter ist. So kann ich nur entweder in eine Bibliothek fahren, was ich wahrscheinlich nicht mehr getan habe seit meinem Studium, was ungefähr gleichbe-

* Eigentlich ein Freijahr bei Lohnverzicht und Arbeitsplatzgarantie (hier: ein halbes Jahr).

deutend ist mit: seit Google (ich habe 1996 meinen Magister gemacht), oder meinen Vater anrufen, der noch beeindruckend viele solcher Fachwissenspartikel wohlverwahrt in sich herumträgt, aber der schläft um die Uhrzeit hoffentlich noch. Ne, Moment, in ein Lexikon könnte ich schauen. Ich hatte früher einen dreibändigen, weinroten Universal-Meyer. Aber der steht längst im Keller, irgendwo weit hinter den Koffern.

Nachdem ich gestern die Abschieds-Mail an einige Freunde geschickt hatte, rief Abraham an und erkundigte sich, ob ich mein Experiment jetzt tatsächlich nebenher machen wolle, inmitten der Zeitungskrise. Als ich ihm von meinem Plan erzählte, jeden Morgen sehr früh aufzustehen und zwei Stunden zu schreiben, sagte er, ihn erinnere das an diesen jüdischen Philosophen, der in den Schützengräben des Ersten Weltkriegs seine Ideen auf Feldpostkarten notierte und sich selbst nach Hause schickte. »Als er zurückkam, hatte er sein erstes Werk fertig, wie hieß der noch, das Buch hatte irgendwas mit Stern im Titel.« Er meinte das als Trost, selbst unter den irrwitzigsten Bedingungen kann man einen guten Text schreiben, aber jetzt sitze ich hier in tiefer Nacht und denke an die bombenzerfetzten Schützengräben des Ersten Weltkriegs. Außerdem ist da der starke Drang, kurz ins Netz abzubiegen und diesen Philosophen zu googeln, »jüdischer philosoph erster weltkrieg stern«, bingo. Geht nicht mehr. Aus. Vorbei. So starre ich minutenlang auf das blinkende Cursor-Stäbchen hinter »Vorbei« und denke, was für eine sensationelle Schnapsidee. Ein halbes Jahr ohne Google – wie soll das denn gehen, bitte? Hallo? Kann mich jemand hören?

Ja, anscheinend die Kinder. Punkt halb sechs stehen sie beide am Schreibtisch, barfuß im Schlafanzug, und fragen, ob sie ihre Adventskalender aufmachen dürfen. Heute ist erster Dezember, lange ersehnt, endlich das erste Türchen öffnen, sehr verständlich, aber soll ich jetzt um drei aufstehen, um in Ruhe schreiben zu können? Meine Tochter S. sagt, sie finde das »voll ungerecht, wir dürfen nie fernsehen, und du kuckst sogar nachts immer in deinen blöden Computer rein«. Ihr Bruder N. steht in seinem blauen Pyjama vor den Büchern, die ich gestern neben dem Schreibtisch aufgebaut habe – eineinhalb Meter Sekundärliteratur, daneben zwei Ordner mit Aufsätzen, Zeitungsartikeln, Ausdrucken zu lauter Themen rund ums Netz –, und deklamiert wie ein Jahrmarktsschreier wild gestikulierend die für ihn kryptischen Titel: »A Better Pencil, meine Damunherrn, A Better Pencil! Nur heute! Kommen Sie!« Er spricht den englischen Bleistift »Penkill« aus, Stiftkiller. »Distracted« klingt bei ihm wie eine mittelalterliche Figur, der böse Zauberer Distraktet, der den Menschen eines Tages hinterrücks die Aufmerksamkeit geraubt hat. S. will die Gunst des Moments nutzen und mit mir heimliche Nachverhandlungen beginnen, weil doch in ihrem Kalender keine Schokolade sei, ob sie da mehr vom Hexenhäuschen kriegen könne. N. verstummt sofort und lauscht, S. sagt, es sei alles so ungerecht, und schmeißt sich weinend auf den Boden. N. sagt empört, nein, überhaupt nicht ungerecht, weil nämlich im letzten Jahr war's andersrum und so weiter, hin und her. Irgendwann wird's mir zu viel, und ich sage, sie sollen mich in Ruhe lassen. Schließlich muss ich mich hier von heute an meinem analogen Experiment widmen. Die beiden schauen mich staunend an und gehen dann, geeint in empörtem Schweigen, aus dem Zimmer. Kinder sind das Analogste, was es gibt.

Als ich im Büro den Rechner starte, klaffen auf dem Desktop drei Löcher, da, wo die Icons für Firefox, Internet Explorer und Skype standen, ist nichts mehr. Ich rufe die nette Dame von der IT-Abteilung noch mal an, um mich zu bedanken. »Da brauchen Sie sich nicht zu bedanken«, sagt sie, »überlegen Sie lieber, was Sie da tun.« Sie sagt das im Ton einer Ärztin, die einen Diabetiker beim Zuckerwattekauf erwischt hat. Dann wechselt sie in eine versöhnlichere Tonlage und fragt, ob ich denn Abschiedsgeschenke von meinen Kollegen bekommen hätte. »Nein, Abschied nehm ich ja nicht, ich bin weiterhin hier.« »Naja«, sagt sie, nun wieder skeptisch, so als bringe mein Versuch unweigerlich eine verminderte Existenzdichte mit sich. »Naja. Wenn Sie meinen. Viel Glück.«

In »Down by Law«* von Jim Jarmusch gibt es diese Szene, in der Roberto Benigni, Tom Waits und John Lurie in einer Gefängniszelle sitzen. Benigni, der in dem Film nicht besonders gut Englisch kann, malt mit dünner Kreide ein Fenster an die graue Zellenwand und fragt: »Zack, Jack, is it I look *at* the window or I look *out* the window?« Lurie knurrt: »In this case, I'm afraid, it's I look *at* the window.«
Jetzt, da ich nur noch auf Windows schauen kann, kommt es mir so vor, als habe bis gestern direkt hinter der Benutzeroberfläche eine cinemascopisch weite Welt gelegen, in die man jederzeit hineinspazieren konnte, um Kraft zu tanken, durchzuatmen, sich darin zu verlieren, die endlosen Great Plains des Netzes. Nun hingegen ist da nur ein Blatt, das mich anstrahlt, und vor dessen weißer Leere ich mich nirgends hinflüchten kann.

2. DEZEMBER

Viele Kollegen machen Höhlenmenschenwitze über mich. Mit dem Funkeln des pointengewissen Witzbolds in den Augen, fragt jeder beinhart fast dasselbe. Ob ich denn meine Wohnung noch heize. Ob ich ab sofort meine Mails mit dem Toaster schicke. Ob ich noch mit der elektronischen Karte in der Kantine bezahle oder hinterm Hochhaus Gemüse anbaue. Ob ich mich noch rasiere. Ob ich noch Aufzug fahre oder in Zukunft immer zu Fuß in den 19. Stock hochlaufe. Und ob ich meine Texte jetzt handschriftlich verfasse.
Leute, ich lebe weiterhin in einer beheizten Wohnung, habe ein Telefon, einen Kühlschrank und einen Fernseher, den ich freilich seit einigen Jahren kaum noch benutze. Aber jetzt, ohne Netz, kann ich die Kiste ja mal wieder anmachen und kucken, was ARD und ZDF so treiben mit meinen GEZ-Gebühren. Mir schwant Übles. Ich habe auch meinen Apple noch, der wird sich aber während der nächsten Monate mit mir entsetzlich langweilen, nur noch

* US-amerikanischer Kultfilm (1986) über drei Ganoven.

Textverarbeitungsmaschine zu sein, dürfte für einen multitaskverwöhnten Rechner Exerzitien der Ödnis bedeuten.
Ich mache all das nicht, weil ich das Internet doof finde. Im Gegenteil, ich verbringe den Großteil meiner wachen Zeit im Netz, weil ich es großartig finde, ein riesiges Versprechen. Allein schon die Homepage des »Guardian«* kommt mir vor wie der Eingang in ein Bergwerk voller Goldadern: Egal in welchen Text man klickt, dahinter tun sich unendliche Verbindungsstollen voller glitzernder Nuggets auf. Ich prangere die Monsterkrake Google natürlich aufs schärfste dafür an, eine solche Monsterkrake zu sein, noch dazu so eine verlogene, »Don't be evil« ist nun wirklich der ekligste aller Firmenslogans, aber bin ihr gleichzeitig dankbar dafür, dass sie die ganze Welt für mich ordnet. Weihnachten ohne Amazon-Bestellungen wird sicher mühsam. Und mir graut schon vor analogen Recherchen aller Art. Kurzum: Das Netz sei mit Geschmeiden behängt und mit Ölen gesalbt, es möge ihm wohlergehen immerdar, der Herr lasse leuchten Sein Angesicht über ihm und gebe ihm Frieden.
Ich habe aber das Gefühl, dass ich mir darin selbst abhanden komme. Dass es mich schluckt. Mein Kopf glich abends, wenn ich vom Büro heimradelte, oft einem neuronalen Flipperautomaten, dessen Drähte nach der Arbeit noch stundenlang im Dunkeln nachglühten. Im Nachhinein kamen mir solche Tage vor, als hätte ich in der staubtrockenen Luft eines Kopierladens fortwährend nur leere Blätter in die Luft geworfen, bleiche, zerfaserte Zeit. Als würde da einer hinter meinem Rücken, während ich in den Bildschirm starre, mit dem Tintentod über den Tag drübergehen: Kaum vergangen, ist alles verblasst.
Vladimir Nabokov** schreibt, Erinnerung sei »der lange Sonnenuntergangsschatten der Wahrheit«. Was für ein wunderbares Bild. Das aber von sehr ruhigen, natürlichen Zyklen ausgeht, einem Baum in der Sonne, dessen Schatten am Ende eines langen Sommertages unmerklich länger wird, bis sich irgendwann die Nacht

* Wichtige und traditionsreiche englische Tageszeitung.
** Russisch-amerikanischer Schriftsteller (1899–1977).

des Vergessens wie ein Tuch über die Welt legt. Ich konnte mich nach einem Arbeitstag oftmals an nichts erinnern. Ja, ich konnte mich manchmal nicht mal mehr während des Tages erinnern, was ich zwei Minuten vorher getan hatte. Als flösse die Zeit direkt hinter mir in ein riesiges schwarzes Loch ab. Andererseits frage ich mich, ob das früher groß anders war. Meinem Tagebuch zufolge nicht.

1996, während der Magisterzeit, habe ich mal geschrieben: »Oft kommt mir die Gegenwart vor, als stünde ich irgendwo im unermesslichen Watt und hielte eine Schnur in der Hand, die direkt hinter und vor mir spurlos im Matsch verschwindet. Wo kommt die Schnur nur her? Wo geht sie hin? Und was mache ich überhaupt hier draußen?«

Wie viel hat mein Unbehagen mit dem Netz zu tun? Wie viel mit mir und meiner inneren Unruhe? Schließlich habe ich Freunde, die mindestens genauso viel im Netz unterwegs sind wie ich und trotzdem den Eindruck vermitteln, geerdet durch ein sinngesättigtes Leben zu laufen. Mein Alltag hingegen ist schon ohne Netz ziemlich zerschreddert, in der Arbeit gibt es Konferenzen, wir müssen Texte bestellen und redigieren, telefonieren, lesen und sollen natürlich auch selber schreiben. Dann will ich ja auch noch Vater und Ehemann sein; ich würde gerne viel mehr freie Zeit verbummeln mit meinen Kindern und meiner Frau, aber kann froh sein, wenn ich abends gerade so die Übergabe schaffe, bevor B. ihre Yogakurse gibt. Und nebenher würde ich selbstverständlich gerne noch autark und ganz und gar in mir selbst ruhen und erfüllt leben.

B. findet das Experiment eher spleenig, sie sagt, lass den doofen Blackberry in der Arbeit und basta. Außerdem hat sie Angst, dass ich jetzt, da ich mich neben der Arbeit zusätzlich über diesen Selbstversuch beuge, noch launischer werde. »Und mehr Zeit wirste dadurch ja auch nicht haben.«

Der zweite Grund für dieses Experiment ist der ideologisch aufgeheizte Streit ums Netz. Beeindruckend, wie alle immer recht haben und Bescheid wissen. Woher wissen die das alle nur immer

so genau? In den allermeisten Fällen erweisen sich Prognosen für nie dagewesene Ereignisse als falsch. Wie sollte es auch anders sein, schließlich macht man Prognosen anhand von Parametern und Erfahrungswerten, die durch das nie Dagewesene, das man einordnen möchte, hinfällig werden. Das aber schert die schimpfenden Kulturkritiker genauso wenig wie die heilsgewissen Schwärmer: Wir gehen zugrunde am Netz, Fanatismus allerorten, das kollektive Gedächtnis erlischt, das Internet grillt unser Hirn zu Neuronenbrei, in wenigen Jahren werden wir eine Gesellschaft aus Barbaren und funktionalen Analphabeten sein. Aber nein, im Gegenteil, ein neues, fantastisches Zeitalter bricht an, alles ist erleuchtet, das Netz bringt uns ganz neues Metadenken bei, man hat im präfrontalen Kortex kalifornischer Facebook-User neue Synapsen entdeckt, die das Multitasking erleichtern, wir werden schneller, leichter, heller und gehen bald schon gemeinsam in den Supermind ein, die große digitale Wolke, die für uns alle denkt, fühlt und träumt.
Ich will einfach wissen, wie es ohne ist, gerade weil ich mir ein Leben ohne Netz nicht mehr vorstellen kann. Die Welt wird eine Google, das Netz dringt wie Wasser in alle Lebensbereiche. Ja, es gehört für die, die drin sind, mittlerweile so selbstverständlich zum Lebenshintergrund wie die Schwerkraft oder die Luft zum Atmen. Da ist es doch mal interessant, sich für eine Weile danebenzustellen und zu schauen, was das für Konsequenzen hat. Bin ich tatsächlich süchtig und tue mir dementsprechend schwer mit dem Entzug, oder spaziere ich nach drei Tagen munter in mein analoges Leben davon und sage achselzuckend, das ganze Suchtgerede war doch wieder mal nur unbedachte Journalistenmetaphorik?
»Ich verlange ja gar nicht, dass man das überall macht, aber vielleicht erlaubt man uns, dass wir wenigstens in einem einzigen Haus das elektrische Licht löschen. Mal schauen, was dabei herauskommt.« Das sind die letzten Worte aus »Lob des Schattens«, einem Buch des Japaners Tanizaki Junichiro. Darin steht übrigens auch der wunderbare Satz: »Alles, was man als schön bezeichnet, entsteht in der Regel aus der Praxis des täglichen Lebens.«

3. DEZEMBER

Schön sieht anders aus. Ich fühle mich leer. Leer und nervös. Den ganzen Tag über ist da so ein untergründiges nervöses Ziehen von der Peripherie her, als würde meine eigene Mitte außerhalb meiner selbst liegen, und jetzt ist da nur noch ein Loch, ein Unterdrucksog, ähnlich einem saugenden Badewannenabfluss.

Am schlimmsten spüre ich das während des Schreibens für die Zeitung: Direkt vor dem Entzugsbeginn war ich noch für fünf Tage in den Palästinensergebieten, ohne Blackberry wäre das unmöglich oder zumindest sehr schwierig gewesen: Je weniger entwickelt ein Land, desto mehr ist man auf Mail und Handy angewiesen, es gibt in solchen Gegenden ja kaum ein ausgebautes Festnetz.

Ich sitze an einem Porträt über den englischen Krimiautor Matt Beynon Rees, mit dem ich einen Tag in Bethlehem verbracht habe, um dort die Stationen seines ersten Krimis »Der Verräter von Bethlehem« abzulaufen. Man kann anhand des Buches und dieses Autors viel über die verfahrene Situation zwischen Israelis und Palästinensern erzählen, aber wie soll man ohne Internet sichergehen, wie der Name dieser Selbstmordattentäterin geschrieben wird, deren Bild in Bethlehem überall an den Wänden hängt, ähnlich einem Popstar?

Ich muss mich nach einer solchen Reportagereise auf meine Aufzeichnungen verlassen. Diesmal müsste das eigentlich besonders gut klappen: Ich wusste vorher um das Experiment und habe deshalb bei jedem Namen drei- bis viermal nachgefragt und später noch zweimal nachgelesen, ob ich das jetzt in meinem Notizblock auch ganz bestimmt richtig geschrieben habe. Matt Rees muss schon einen psychopathologischen Orthographiezwang bei mir vermutet haben, regelmäßig blieb ich irgendwo im palästinensischen Novemberniesel stehen und fragte:

»Okay, wait, wait, his name is W-A-L-I, is that correct?«

»Yes.«

»W-A-L-I? Like this? Are you sure?«

»Well, as I told you before, it's quite an easy name.«

Das Interessante ist nun, dass ich, obwohl ich jeden Namen, jedes Datum, jede Zahl vorher mehrfach gegengecheckt habe, mich jetzt unvollständig fühle. Fast als hätte ich Phantomschmerzen.

Auch weiß ich nicht mehr genau, wie der letzte Satz aus Ernst Blochs* »Prinzip Hoffnung« wörtlich heißt. Ich gehe zu den Kollegen Thomas Steinfeld, Johan Schloemann und Christopher Schmidt und frage sie, ob sie sich an den korrekten Wortlaut erinnern. Alle drei sagen spontan, kannste doch googeln und lachen dann, als ihnen einfällt, dass ich genau das nicht mehr kann. Die drei haben eine beeindruckend tiefgestaffelte Allgemeinbildung, aber ich musste in dieser dreifachen Wiederholung des Google-Automatismus an Kevin Kelly denken, den Herausgeber des Computermagazins »Wired«, der einen Text darüber schrieb, wie wir unser Gedächtnis ans Netz outsourcen: »Je mehr wir dem Megacomputer beibringen, desto mehr übernimmt er die Verantwortung für unser Wissen. Er wird zu unserem Gedächtnis.« Am Ende schreibe ich Blochs schönen Satz in indirekter Rede, Heimat sei das, was allen in die Kindheit scheint, aber worin noch niemand war, und denke seufzend: Internet ist das, was mir bislang in mein Leben schien und worin ich nicht mehr bin.

Abraham ruft an, er hat den Schützengrabenphilosophen gegoogelt. Franz Rosenzweig war das, und das Buch, das er sich auf Feldpostkarten portionsweise aus dem Ersten Weltkrieg nach Hause geschickt hat, heißt »Stern der Erlösung«. Um was es darin geht, weiß Abraham auch nicht. »Aber der hat in der Zeit nicht nur das Buch geschrieben, sondern auch noch per Brief in einer Menage à trois um eine Frau gerungen. Das allein würde mich schon komplett lähmen. Dann noch Erster Weltkrieg. Und der schreibt dieses philosophische Schlüsselwerk.« Ich muss glücklicherweise nicht mehr um meine Frau ringen. Hoffe ich zumindest. Ich werde sie mal fragen heute Abend. Jetzt habe ich ja wieder Zeit für analoge Gespräche. Ich muss auch kein philosophisches Schlüsselwerk

* Deutscher Philosoph (1885–1977). »Das Prinzip Hoffnung« gilt als sein wichtigstes Werk.

schreiben. Aber »Stern der Erlösung« wäre ein schöner Titel für ein Entzugstagebuch.

4. DEZEMBER

Keine Frage: Ich bin verhaltensauffällig. Es gibt ja in jedem Büro, in jeder Abteilung diese Kollegen, die sich selbst für hochgradig gesellig halten, was bedeutet, dass sie den meisten auf die Nerven gehen, weil ihre Besuche eher Heimsuchungen gleichen: Sind sie erst mal über die Schwelle des Büros getreten und haben es sich gemütlich gemacht in einem Besuchsstuhl und ihrem eigenen Gerede, bekommt man sie nicht mehr aus dem Zimmer. Ich behelfe mir in solchen Situationen oftmals damit, dass ich irgendwann aufstehe, mein Glas nehme und selbst aus dem Zimmer gehe mit dem Hinweis auf meinen großen Durst.
Kaum aber ist der vierte Tage ohne Netz angebrochen, stehe ich eine halbe Stunde bei unserem Volontär im Büro und frage ihn über seine Schwester aus, von der ich kurz zuvor nicht mal gewusst habe, dass es sie gibt, »ach, im diplomatischen Dienst ist die, interessant, wo will die denn da hin?« Im Anschluss daran besuche ich meinen Zimmernachbarn, den Filmredakteur Tobias Kniebe, und rede so lange hochtouriges Zeug daher, bis er irgendwann leise sagt, ich geh mir mal Wasser holen. Die Verblüffung darüber, dass Tobias sich anscheinend in solchen Situationen mit demselben Trick behilft wie ich, kann das Entsetzen darüber, dass ich selber soeben Hauptfigur einer solchen Situation war, nicht lindern.
Oder bin ich gar nicht verhaltensauffällig, sondern nur so kommunikativ, wie der Mensch von Haus aus wäre, säße er nicht festgeschraubt am Bildschirm?

5. DEZEMBER

Vor Beginn des Experiments habe ich mich sehr auf die Wiederbelebung meines Briefkastens gefreut. Mit dem Briefkasten ist es ja mittlerweile wie mit der Bundesrepublik: Innerhalb weniger Jahre ist er zur strukturschwachen Gegend verkommen. Noch 1993 schrieb Max Goldt* in einer seiner Kolumnen: »Die Post ist eine heilige Institution, und das Bekommen von Post hat am späten Vormittag die gleiche tröstende Funktion, die der mäßige Genuss leicht alkoholischer Getränke am Abend und der Schlaf in Nacht- und Morgenstunden ausüben. Die öffentliche Verehrung, die Sportlern oder Schönheiten der Unterhaltungsindustrie zuteil wird, sollte man lieber den Postboten widmen.« Goldt liebte seinen Postboten so, weil der ihm tagaus, tagein persönliche Briefe brachte. Der postmoderne Bote aber trägt nur computergenerierte Behördenschreiben und frankierte Reklame aus. Niemand schreibt mehr. Niemand. Schlimmer als niemand ist nur der Journalistenverband, weil der einmal im Monat eine dröge Zeitschrift schickt, in der es um die Krise des Journalismus geht. Meist aber ist der Briefkasten so leer wie Ostdeutschland in seinen zugigsten Ecken: Hie und da Werbung für die asiatische Glutamatmafia, manchmal das Programm der Berliner Volksbühne, obwohl ich das schon mehrfach abbestellt habe. Ansonsten: Schicht im Schacht. Jetzt aber, so dachte ich vergangene Woche, während ich feierlich ein paar Postwurfsendungen entsorgte, jetzt bricht eine neue Zeit an. Dieser Kasten wird zum Zentrum der Diskurse werden, dicke Briefbündel werden daraus hervorquellen, innige Geständnisse, in aufgewühltem Seelenzustand mit Füller auf Büttenpapier geworfen, hitzige intellektuelle Diskussionen, die sich aufgrund der anspruchsvollen dialektischen Argumentationen über Monate hinziehen werden …

Von wegen. In diesem Kasten bleibt nur, der durch ihn ging, der Wind. – Fabelhaft, das habe ich gerade eben live in meinem Gehirn gegoogelt! Mein analoges Neuro-Enhancement scheint kolossale erste Früchte zu tragen! Bertolt Brecht. Duineser Elegien. Ich Teufelsbraten, kaum vergehen ein paar Tage, schon habe ich mir mein Gedächtnis zurückerobert. Wobei, Moment, die Duineser Elegi-

* Deutscher Schriftsteller (*1958).

en sind gar nicht von Brecht, sondern von dem Typen, von dem auch das mit dem Panther im Park war, Rilke, genau, der doch in einem seiner Gedichte hoch und heilig versprach, er werde wachen, lesen, lange Briefe schreiben im Herbst. Und? Was ist? Herbst vorbei, kein einziger Brief.

6. DEZEMBER

Ich rufe abends die Auskunft an, um die Adresse des Klett-Cotta-Verlags zu erfragen, und führe mit der Mitarbeiterin ein erfrischend absurdes Gespräch. Die Frau sagt, sie finde nur einen Klett-Verlag, aber keinen Cotta.
»Sie meinen doch Cotter mit er wie sie?«
»Wieso sie? In sie ist doch gar kein r?«
»Nein, er. Er. Sie. Es. Cott-ER.«
»Ah. Ne, mit a.«
»Ah.«
»Genau, mit a.«
»Nein, ich meinte ah wie aha.«
»Ah.«
»Genau. Den Cotta mit a gibt's nicht.«
Mann, Leute, zehn Sekunden googeln und ich hätte die Anschrift. Der Klett-Cotta-Verlag ist doch keine kasachische Briefkastenfirma, das muss doch zu finden sein. Ich nuschle irgendeine Dankesformel, lege auf und versuche es noch mal. Auch diese Mitarbeiterin ist freundlich und bemüht, findet aber den Verlag genauso wenig. Schließlich fragt sie, ob sie mich durchstellen solle zu den Kollegen von der Serviceabteilung. Na, warum nicht. Dort findet eine Frau die Adresse innerhalb weniger Sekunden. Ich frage vor dem Auflegen, worin denn der zusätzliche Service der Serviceabteilung bestehe. »Wir benutzen Google.«
Ich brauchte die Adresse, um meinem Verleger Tom Kraushaar eine Postkarte zu schicken, die einen indischen Beamten zeigt: Das Büro ein winziger dunkler Holzkasten mit kahlen Wänden, auf dem leeren Schreibtisch nur ein uraltes Bakelittelefon, das

nicht so aussieht, als ob da oft jemand anrufen würde. Ich wollte Kraushaar die Karte schicken, weil ich mich genauso fühle. Allein. Nutzlos. Isoliert. Und so dermaßen analog wie in diesem Dritte-Welt-Verschlag, der eher einer mönchischen Einzelzelle gleicht als einem Büro. Kein Schwein mailt mich an. Okay, daran bin ich selber schuld. Aber auch das Fax steht still und schweiget. Briefkasten ja sowieso. Das hat was von Isolationshaft. Wo sind meine Freunde denn nur? Im Netz? Alle zusammen?

In der fünften Klasse war ich mal zerstritten mit meinem Banknachbarn Jens. Der hat dann seine Geburtstagsparty umfunktioniert in eine Alexausschmierparty: Er hat die ganze Klasse eingeladen, nur mich nicht. So habe ich mir das jedenfalls damals eingebildet. An dem Nachmittag habe ich bei uns im Garten gespielt, mit Pfeil und Bogen auf einen vermoosten Torfsack geschossen, und sagte mir, ist doch eigentlich auch super. So einsam habe ich mich in meinem ganzen Leben nicht wieder gefühlt. Bis heute.

Es ist doch beeindruckend schwer zu ertragen, keine Post zu bekommen, wenn man 60 bis 80 Mails am Tag gewohnt ist. 60 mal am Tag wichtig sein. 60 mal warmes Fläschchen fürs Ego, eine Nuckelflasche voll mit süßem Brei, das stille Versprechen, gebraucht, geliebt, angesprochen, umsorgt zu werden. Und ich war das Baby, das keinen Aufschub duldet.

Ich hab den Blackberry meist in meiner Hemdtasche getragen, das heißt, der Vibrationsalarm ging mir direkt ins Herz. Jetzt klafft da ein riesiges Loch, das freilich keiner sehen kann. Aber ich kann es spüren. Ich fasse mir im Gehen auch oft an die Hemd- oder Hosentasche, halb in der Erwartung, das kleine schlanke Kästchen zu spüren, halb als Ersatzhandlung. Aber da ist nichts mehr. Ich bin alleine. Andererseits: Was hatte ich erwartet?

7. DEZEMBER

Morgens, auf dem Weg zur Arbeit, radle ich bei einem Suchthilfezentrum in der Maistraße vorbei. Ein Typ mit langen schwarzen Haaren steht im ersten Stock am Fenster und scheint gerade akut

am Entzug zu leiden: Er knautscht sein Gesicht ans gekippte Fenster und schreit zwei Freunden, die unten auf dem Bürgersteig stehen, zu: »Ey, is das krass, Leute, ist das krass, ich glaub, ich pack's nicht«. Hallo Kollege!
Ich hätte nie gedacht, dass ich auf meine alten Tage noch mal abhängig werde. Ich trinke in Maßen, Fernsehen im Sinne des Glotzens und Zappens hat mich immer eher gelangweilt, ich hab noch nie geraucht, und die zwei Male, die ich Marihuana in Joghurt beziehungsweise versalzenen französischen Keksen gegessen habe, ist außer Sodbrennen rein gar nichts passiert. Kurzum, ich dachte, jetzt bin ich 40, keine besonders großartige Existenz, aber immerhin versacke ich nicht in einer lebenszerrüttenden Sucht.
Es ging ganz schleichend, in Schüben. Als hätte der Dealer mir über Jahre immer stärkeren Stoff angedreht. Nein, das ist falsch: Als hätte ich ihn immer wieder um härteres Zeug angebettelt, schließlich habe ich jeweils selber für die Verschärfung gesorgt.
Vielleicht bin ich charakterlich und beruflich besonders prädisponiert für ausschweifendes Netzverhalten: Ich bin von Natur aus ziemlich unruhig. Außerdem bin ich als Redakteur im Feuilleton für die freien Themen zuständig, also für alles und nichts. Während die Kollegen sich, wenn ihnen mal ausnahmsweise nichts genuin Geniales einfällt, immer noch an ihren Theaterspielplänen, Tourneedaten, Neuerscheinungen und Gedenk- oder Geburtstagen entlanghangeln können, muss ich mich permanent selbst erfinden, weshalb ich täglich nervös und hungrig im Netz umhergestreift bin, ein digitaler Jäger und Sammler.
Den ersten exponentiell suchtverstärkenden Schritt habe ich 2005 unternommen. Damals sind wir als Familie für ein paar Monate nach Amerika gegangen. Die ZEIT-Stiftung vergibt dieses fabelhafte Stipendium, man darf für ein Semester nach Harvard*, um dort in Ruhe die eigenen Wissenssilos aufzufüllen. Bevor man losfährt, muss die eigene Chefredaktion der Stiftung schriftlich versprechen, dass sie einen in diesen Monaten in Ruhe lässt, damit

* Elite-Universität in den USA.

man zweckfrei Bücher lesen kann, kluge Professoren hört oder sich sonstwie rundum bildet. Ausgerechnet vor dieser Reise, die ja einzig dazu dienen sollte, dass ich mich mal innerlich durchlüfte und frei mache von meinem nervös getakteten Zeitungsalltag, bin ich zu unserer IT-Abteilung gegangen und habe sie gebeten, mir den Zugang zu meinem externen Mail-Account freizuschalten.
Ich habe vom ersten Tag meines Harvard-Aufenthaltes an dieses Mail-Programm im Hintergrund meines Rechners offen gehabt und permanent geschaut, ob mir jemand schreibt. Es ist kaum übertrieben, wenn ich sage, dass ich es seither nie mehr wirklich ausgemacht habe. Getrieben von der nervösen Angst, etwas Wichtiges zu verpassen. Befeuert von der seltsamen Hoffnung, dass jetzt, jetzt gleich die eine Mail kommt, die lebenserfüllende Totalmail, die einen tröstend in ihre starken Arme nimmt und nie mehr loslässt. Und solange ich darauf warte, kann ich ja auch mal eben auf »Climate Debate« kucken und auf Spiegel Online Überschriften scannen, während ich mich einsam fühle, eben weil die allerlösende Mail nicht kommt, weil es sie natürlich gar nicht gibt, und von Spiegel Online komme ich ganz kurz auf Youtube und schick noch schnell eine Mail mit einem Link an einen Kollegen.
Nur mal eben. Noch kurz. Ganz schnell. Das sind so die Selbstbetrugsformeln des Online-Süchtigen. So wie der Trinker sagt, nur noch ein Gläschen, sage ich jedes Mal zu mir: Mal eben. Ganz kurz. Nach jedem Absatz, den ich für einen Artikel geschrieben habe, bin ich kurz mal ins Netz abgebogen. Und am Ende eines Wochenendes habe ich nur mal eben 40 Mails beantwortet, damit am Montag Bahn frei ist fürs wirklich Wichtige. Das *wirklich* Wichtige, das Wochenende mit den Kindern und B., war dann komischerweise nicht ganz so toll wie geplant: Während eines Bauernhofaufenthaltes schlich ich mal alle halbe Stunde ins Zimmer rauf, weil ich auf eine Mail von einem Freund wartete. Mein Sohn fragte irgendwann, ob ich Bauchweh habe, ich würde immer so schnell im Haus verschwinden. Nein, dachte ich, kein Bauchweh, ich hab nur Blackberry.

Der brachte, vor ungefähr einem Jahr, die letzte Verschärfung. Ich habe damals behauptet, ein neues Handy zu brauchen, das alte war aber eigentlich noch in Ordnung. B. habe ich erklärt, der Blackberry sei viel praktischer als das Handy, weil er eine Kalenderfunktion habe, mit deren Hilfe ich endlich meine Termine koordinieren könne. Eine lachhafte Begründung. B. hat einen Monatskalender in der Küche hängen, mehr braucht sie nicht, um unsere Familienlogistik mit Grundschule, Nachmittagsbetreuung und Kindergarten, Klavierstunden, ihren Terminen als Yogalehrerin, Großelternbesuchen und dem ganzen ausgefransten Rest im Griff zu haben. Meinen Blackberry-Kalender kann ich bis heute nicht richtig bedienen. Ich habe zwar mehrfach versucht, da Sachen einzutragen, aber an die allermeisten erinnerte der Blackberry mich aus irgendwelchen Gründen dann nicht. Im Gegenzug gibt es einen Eintrag vom Juni 2009, »Lesung bei Axel 20 Uhr«, in den sich die Maschine aus unerfindlichen Gründen verliebt hat. Ich hatte den Kalender längst wieder aufgegeben und wurde nur jeden Donnerstagmittag an ihn erinnert, wenn es wieder hieß, dass heute Abend besagte Lesung bei Axel sei.
Eigentlich habe ich den Blackberry nur bestellt, weil man damit Tag und Nacht seinen Mail-Account mit sich herumträgt. Und ich verstehe jetzt, warum das Ding in Amerika Crackberry heißt.
Crack, ein Gemisch aus Kokainsalz und Natron, ist die Droge mit dem höchsten psychischen Abhängigkeitspotenzial. Es wirkt euphorisierend, man fühlt sich energiegeladen und hellwach. Während des Konsums ist man fest davon überzeugt, enorm leistungsfähig zu sein. Gleichzeitig kann Crack starke Einsamkeitsgefühle erzeugen. Die sind teils endogene Variationen von wimmrigem Selbstmitleid, teils sind sie aber auch berechtigt, da man als Crack-Konsument tatsächlich vereinsamt. Schließlich interessiert einen kaum noch etwas anderes als die nächste Ladung.
Viele Blackberry-User bekennen, dass der letzte Blick am Abend und der erste am Morgen dem Display ihres Organizers gelte, dass sie sich ohne ihn unvollständig fühlten. Ich hatte ihn überall dabei und habe mir dadurch sogar eine Reise durch Malawi versaut. Ma-

lawi! Das ist ein bananenförmiges Land zwischen Mosambik und Sambia, in dem es kein einziges Kino gibt und in den allermeisten Strohhüttendörfern auch keinen Strom. Aber die Mail, in der ein Kollege von Kündigungsgerüchten schrieb, die hat mich auch in Chipoka Bay erreicht. Um mich herum Einbaumboote, ein träger, goldflüssiger Sonnenuntergang, und im Hafengebäude spielten ein paar Jungs mit rostfleckigen Kronkorken Dame, dazu der Geruch von Schweiß und nassem Sand, ich aber starrte auf das Display mit den heimischen Katastrophen-News. 5000 Kilometer Flug, um auf der Ilala, einem uralten Kahn, den die Briten dagelassen haben, mit acht Stundenkilometern über den Malawisee zu schippern, aber dann verschwanden die malerische Fremde und die wohltuende Langsamkeit hinter zehn Zeilen Angst, die mit Lichtgeschwindigkeit aus München rübergestrahlt wurden. Klar, solch eine Mail hätte jeden nervös gemacht. Die Frage ist nur, warum ich die Kiste überhaupt mit in den Urlaub genommen hatte.

Zu Hause habe ich den Blackberry abends meist auf den Schuhschrank gelegt; da hat es B. nicht so mitbekommen, wenn ich mir vor dem Zubettgehen, auf dem Weg zum Klo, schnell noch die letzte Tagesdosis reingezogen habe.

Das »Wall Street Journal« brachte 2006 eine Geschichte über eine Managerin, die ihre Kinder zugunsten des Geräts vernachlässigte. Die Kinder setzten schließlich durch, dass die Mutter wenigstens in der Zeit vor dem Zubettgehen darauf verzichtete, ihre Mails abzurufen, was sie aber nicht aushielt. Sie versteckte den Blackberry im Bad und erzählte den Kindern, sie habe eine Blasenentzündung. Bei einer Studie sagten 600 von 1000 Befragten, dass sie »fast zwanghaft« permanent nachschauen müssen, ob sie neue Mails bekommen haben; die Hälfte gab an, Mails immer sofort zu beantworten. Und bei einer Umfrage in Südkorea bezeichneten sich fast alle Jugendlichen als »abhängig«.

Vor 25 Jahren wäre ich wahrscheinlich mit einem dieser roten Aufkleber rumgeradelt, auf denen eine lachende Sonne über der Forderung der 28,5-Stunden-Woche prangte. Ich glaube behaupten zu dürfen, dass mich keinerlei hierarchischer Ehrgeiz quält. Würden meine Chefs sagen, Rühle, werdn se doch mal Ressortleiter, ich würde all meine rhetorischen Fähigkeiten auffahren, um sie von meiner diesbezüglichen kolossalen Inkompetenz zu überzeugen. Noch mehr Konferenzen, Organisieren und Verwalten, noch weniger Reisen und Schreiben, nein danke. Außerdem habe ich halbwegs vernünftige Hobbys, ich könnte meine freien Stunden mit Lesen, Klavierspielen, Filmkucken, Tagebuchschreiben, Yoga oder Gesprächen mit B. und einer heiter aufgeweckten Freundesschar sinnvoll füllen. Was also bringt einen wie mich dazu, jeden Tag zu Uhrzeiten, zu denen früher im Fernsehen nur noch das Testbild kam, freiwillig Mails zu verschicken und durchs Netz zu irren? Bin ich eine derart kümmerliche Angestellten-Monade, dass ich permanent Angst davor habe, mein Leistungssoll nicht zu erfüllen? Aber Unternehmer und sonstwie finanziell Begüterte scheinen noch tiefer in der digitalen Falle zu sitzen. Auf den Flughäfen wirken die jedenfalls oft wie Cyborgs, total verwachsen mit ihren Smartphones, noch in der Schlange vorm Einsteigen starren sie im Kollektiv auf ihre Displays. Diese immergleiche Wichtigkeitsperformance aus Gerät zücken, Augen verdrehen (Mann, was das wieder nervt, aber verstehst schon, ist leider irre wichtig) und lostippen.

Am schlimmsten war es auf Elba. In den Pfingstferien. Ich dachte, ich lass diese saublöde Kiste jetzt mal zu Hause. Zwei Wochen ohne, das werde ich ja wohl schaffen. Ist doch Urlaub. Von wegen. Es war wie kalter Entzug. Wir hatten ein Haus gemietet unten am Strand, ins Dorf hoch musste man 25 Minuten lang laufen. Am dritten Tag, wir waren einkaufen und bummelten durch die Fußgängerzone, wollte sich N. von seinem Taschengeld eine Cowboyausrüstung kaufen, S. wollte einfach nur irgendetwas, weil ihr Bruder schließlich auch was wollte, N. entgegnete etwas Empörtes, was ich aber schon nicht mehr wahrnahm, denn in dem Moment entdeckte ich das Internetcafé. Natürlich nicht zufällig, ich hatte während des ganzen Spaziergangs und während des oberflächlichen Vergleichens der verschiedenen eingeschweißten Cowboymonturen nach nichts anderem Ausschau gehalten. Da! Endlich! Ein

Mofaverleih, an dessen Schaufensterscheibe ein gelbes @-Zeichen klebte. Es war, als würde dieses Zeichen nicht von meinem Gehirn entziffert, sondern von meinem innersten Triebzentrum. Ich hatte es wahrgenommen, noch bevor ich es wirklich gesehen hatte. Nebenan war ein Zeitungsladen, und ich schickte die Familie schon mal voraus mit der Ausrede, ich wolle kurz mal in die deutschen Zeitungen kucken.

Von da an bin ich unter absurden Vorwänden alle zwei Tage ins Dorf hochgeschlichen, um kurz meine Mailbox zu öffnen. Keine der Mails musste unbedingt beantwortet werden. Ach was, unbedingt. Keine der Mails musste überhaupt beantwortet werden. Ich hab's trotzdem getan.

Sollte Freuds These stimmen, dass die kulturelle Leistung des Menschen der Aufschub ist, die Sublimierung, die Fähigkeit, Spannung auszuhalten und Befriedigung auf später zu verschieben, dann bin ich mittlerweile ein komplett unkultivierter Höhlenmensch. Wenn eine neue Mail kam, ertrug ich null Aufschub. Egal ob ich auf dem Fahrrad unterwegs war, mit Freunden beim Essen saß oder mit meiner Familie am Wochenende auf der Flaucherwiese lag: Wenn ich diese doppelte sanfte Vibration an meinem Herzen spürte, war es mir fast unmöglich, nicht sofort nachzuschauen. Dem Impuls zu widerstehen war qualvoll wie ein Mückenstich, an dem man nicht kratzen darf. Ich habe es auch immer höchstens so lange ausgehalten wie den Befehl, nicht zu kratzen, zwei Minuten, vielleicht drei. Das führte sogar dazu, dass ich mich in geselliger Runde kurz aufs Klo verabschiedet habe, nur um zu kucken, wer da was geschickt hat. Und dass ich ein paarmal fast Unfälle verursacht hätte, weil ich abrupt auf dem Radweg anhielt. Meist war es natürlich gar nichts Lohnendes, sondern ein Verteiler für ethnologische Migrationsliteratur, Viagra-Spam aus Nigeria, oder das Majolika-Museum Karlsruhe schickte neue Ausstellungshöhepunkte, aber wer weiß, vielleicht ist die nächste ja wieder lecker.

Vieles daran war natürlich toll. Es machte Spaß, nach einem Wiesnbesuch angezwitschert durchs nächtliche München zu spazieren und mit einem schlagfertigen Freund SMS-Ping-Pong zu spielen; ein Foto vom chaotischen Straßenverkehr in Mumbai, aufgenommen aus einer dieser dreirädrigen, fensterlosen Taxirikschas, an die Kinder zu schicken; oder sich spätabends noch mit einem befreundeten Kollegen über das Blatt von morgen zu verständigen. Ich hatte taube Daumenspitzen vom vielen Simsen und Mailen.

Im Grunde glich ich den Kleinkindern, mit denen die Münchner Entwicklungspsychologin Doris Bischof-Köhler zusammengearbeitet hat. Um herauszubekommen, inwieweit Kinder schon dazu in der Lage sind, zeitlich zu planen, stellte sie in einem Raum eine Maschine auf, aus der in unregelmäßigen Abständen ein Smartie rollt. Gleichzeitig lief in einer anderen Ecke des Raumes, in die man von der Smartie-Maschine aus nicht sehen konnte, ein Film. Ein Kind, das sein Smartie immer gleich haben wollte, verpasste also den Film, während ein Kind, das sich dafür entschied, den Film anzuschauen, auf die Smarties verzichten musste – es sei denn, es hängte ein kleines Körbchen an das Ausgaberohr der Maschine, das die Smarties auffing. Die meisten Kinder pendelten frustriert zwischen Maschine und Film hin und her. Sie merkten zwar, dass sie so sowohl ein paar Süßigkeiten als auch die Handlung des Films verpassten, änderten aber ihr Verhalten dennoch nicht. Einige waren zwar so gewitzt, die Dose hinzuhängen – sprangen aber trotzdem immer auf, wenn sie das Klacken der herabfallenden Smarties hörten. Nur eine kleine Gruppe war so schlau, dass sie zunächst konzentriert den Film zu Ende schaute und danach erst ihr Körbchen holte. Bischof-Köhler nennt diese Kinder »kompetente Planer«, und ich frage mich seither, ob ich inkompetenter bin als ein paar Vierjährige.

8. DEZEMBER

Wer befürchtet, ein einsamer Spinner zu sein, sollte sich einfach nur zu seinem Spinnertum bekennen. Im selben Moment kommen aus allen Richtungen Leute an und erzählen einem von ihrer eigenen Klatsche. Überraschend viele, die von meinem Experiment erfahren, beschreiben ungefragt ihre jeweilige Zwangsmacke: Da ist die Bekannte, die jeden Abend zwei bis vier Stunden online Scrabble spielt. »Aber immer noch besser als meine frühere Farmville-Sucht auf Facebook. Da hab ich mir den Wecker gestellt, um nachts um zwei Auberginen zu ernten. Mit Scrabble trainiere ich wenigstens meinen Grips. Aber ich komm nicht mehr zum Bücherlesen – keine Zeit.« Die Frau arbeitet in einem Verlag. Dann ist da dieser Freund, der seine Nächte in Verbraucherforen verbringt, Testurteile aufsaugt und selber tonnenweise Kommentare produziert zu irgendwelchen Fotoapparaten, Videorekordern, Festplatten. Früher schaute er in diese Foren nur, wenn er sich irgendetwas anschaffen wollte. Mittlerweile hat sich das verselbständigt, er kann eine ganze Nacht lang hochemotional über die Vor- und Nachteile eines Beamers chatten, obwohl er gar keinen braucht. Oder die Frau, die von der Sammelsucht ihres Mannes redet: In früheren Zeiten habe es ein-, zweimal die Woche irgendwelche Auktionen für Comiczeichnungen gegeben, zu denen musste man hinfahren, die hatten ein paar Stunden auf, dann war wieder Ruhe. Jetzt aber, mit dem Netz, könne man permanent, jeden Tag, jede Nacht weltweit irgendwelchen Editionen nachjagen. »Der kriegt sehr, sehr wenig Schlaf«, sagt sie und schaut dabei selbst recht müde aus. Und dann war da noch die befreundete Bloggerin, die von ihrem Blog spricht wie von einem monströs gefräßigen Kind: »Man gibt und gibt und füttert und füttert, und es ist nie genug. Und wenn man nicht täglich weitermacht, hat's eh keinen Sinn.«

9. DEZEMBER

Heute Nacht bin ich mit einem panischen Gedanken aufgewacht: Spätdienst! Einer von uns Redakteuren kommt immer erst um halb eins in die Redaktion und bleibt dafür abends bis halb neun. Normalerweise sind das angenehm konzentrierte Tage. Man kommt, wenn schon die Texte zum Redigieren verteilt sind, schreibt in Ruhe an einem Text, recherchiert, liest. Richtig ernst wird es nur, wenn nach vier Uhr einer der ganz Großen stirbt, Scorsese, Barenboim, Sophia Loren. Dann muss man schnell einen Nachruf organisieren, Bilder besorgen und gleichzeitig die Seiten umbauen. Was, so schoss es mir im Bett durch den Kopf, was, wenn heute einer stirbt? Ich habe ja jetzt nicht mal mehr die Telefonnummern aller Mitarbeiter! Der Vollmond schien strahlend hell ins Schlafzimmer und malte ein zeitungsgroßes Rechteck aufs Bett. Er hatte einen großen, milchigen Hof, aber die Vorhöfe meiner Angst waren noch größer und leuchteten in noch gleißenderem Licht. Der deutsche Papst stirbt, und du hast die Telefonnummer unseres Theologieexperten Alexander Kissler nicht! Das Feuilleton morgen wird aussehen wie das kahle Rechteck hier auf dem Bett, eine weiße, leere Fläche.
Sobald ich in der Redaktion bin, lasse ich mir von unserer Sekretärin Michaela Metz das 190-seitige Adressverzeichnis des Feuilletons ausdrucken. Weil ich schon dabei bin, frage ich, ob ich auch das Münchner Telefonbuch mit in mein Büro nehmen dürfe. Michaela sagt, prinzipiell gerne, das benutze eh keiner mehr, aus genau diesem Grund habe sie es längst weggeworfen. Oben in der Chefredaktion gebe es angeblich noch eine CD-ROM mit allen deutschen Telefonnummern, ob sie mir die holen solle. Nein, sage ich, gar kein Problem, ich schau zu Hause nach, und troll mich dann in meine analoge Klause. Na, das kann ja heiter werden. Kein Kontakt zur Außenwelt, gefangen im 19. Stock und draußen dichtes Schneetreiben.
Als mein Chef Thomas Steinfeld reinkommt und fragt, ob ich zu einem zweitägigen Symposium über die deutsche Literatur in Ru-

mänien zu Zeiten der Securitate* gehen könne, nehme ich begeistert an. Ich habe kein einziges rumäniendeutsches Buch gelesen, das Gesamtwerk der frischgekürten Nobelpreisträgerin Herta Müller** wurde an mir vorbeigeschrieben, aber Hauptsache nicht hier sein, wo ich das Gefühl habe, ohne Google keine richtige Arbeit mehr leisten zu können. Um nicht in meinem analogen Blues zu versacken, beschließe ich, meinen Schreibtisch aufzuräumen, auf dem die Schuldtürme mal wieder wacklige Höhen erreicht haben.

Es ist ja eine sehr rücksichtsvolle Einrichtung der Natur, dass die Verdauung diskret vonstattengeht, still, im Dunkel unserer Körper. So ähnlich ist das bei meinem Schreibtisch auch. Ich lege die Post auf einen der elf Stapel, die um mich herum wuchern, gehe kurz raus, und wenn ich wiederkomme, ist die Post verschwunden. Spurlos. Unauffindbar. Die Stapel haben sich die Briefe restlos einverleibt, und jetzt treiben diese durch das geheimnisvolle Verdauungssystem des Schreibtischs.

Ab und zu scheidet er auch wieder etwas aus. Vorhin zum Beispiel. Wobei es in diesem Fall wirklich unheimlich war. Ich habe vor einem halben Jahr, nach dem Elba-Urlaub, in dem ich meine Internetsucht so bitter vorgeführt bekommen hatte, einen Text geschrieben, in dem ich mir Gedanken darüber machte, was es wohl bedeutet, dass wir still und heimlich mit unseren Apparaten verschmelzen. Sie geben uns mittlerweile den Lebenstakt vor, und ohne sie fühlen wir uns ungefähr so hilflos wie ein vierjähriges Kind, das zur Rushhour in Tokio die Hand seiner Mutter verliert. Ich bekam heftig nickende Zuschriften, genau so sei es. Besonders beeindruckend war ein handgeschriebener Brief aus der Justizvollzugsanstalt Bernau, verfasst von einem Mann, der wegen Steuerhinterziehung zu einer Haftstrafe ohne Bewährung verurteilt worden war. Er schrieb, er habe sich unbedingt melden wollen wegen

* Rumänischer Geheimdienst, gegründet 1948, aufgelöst 1990, der schätzungsweise 200 000 Menschen ermordete.

** Rumänisch-deutsche Schriftstellerin (*1953), erhielt 2009 den Literaturnobelpreis für ihr sprachgewaltiges Gesamtwerk über die rumänische Diktatur.

dieses Wortes »Phantomschmerz« in meinem Text. Man habe ihm am Tag des Haftantritts den Blackberry abgenommen, das sei für ihn viel schlimmer gewesen als der Freiheitsentzug. Er habe tatsächlich körperliche Entzugserscheinungen gespürt und fortwährend in seiner Zelle an die leere Hosentasche gefasst, weil er fest davon überzeugt war, den Vibrationsalarm des Geräts am Oberschenkel zu spüren.
Den Brief habe ich aufgehoben. Ich wollte unbedingt darauf antworten. Dann aber war er weg, der Brief. Bei mehreren aufwendigen Expeditionen in die entlegenen Regionen meines Schreibtischs fand ich dies und das, nur der Brief blieb verschollen. Als ich aber jetzt aufräume, fällt von der Unterseite eines Taschenbuchs das Kuvert ab. Der Brief ist weg, da liegt nur der leere Umschlag. Mein Schreibtisch ist perfid, er frisst das Wichtige auf und spuckt mir nur höhnisch das Unwichtige hin. Dann steht er wieder da, still und starr wie der See, und tut so, als sei nichts gewesen. Ich habe dem Mann in die JVA Bernau geschrieben, dass ich ihn unbedingt treffen möchte. Wahrscheinlich ist er längst wieder auf freiem Fuß, hat einen neuen Blackberry und ist damit so unfrei wie vor seiner Haft.

10. DEZEMBER

Muss dieses Experiment ausgerechnet im Dezember anfangen? Was für ein grausamer Monat. Die ganze Schöpfung macht auf Liebesentzug. Das Tageslicht sagt jeden Nachmittag um vier: Kommt mal ruhig ohne mich aus. Die Vögel sagen gar nichts mehr, sondern fallen als Amseleis von den Bäumen. Und ich radle früh morgens im nadelkalten Schneeregen durchs analoge Zwielicht, zur Tagung der rumäniendeutschen Schriftsteller. Das Wasser läuft mir vom Helm in den Nacken und von der Regenhose in die Stiefel, aber das ist immer noch besser, als im vermieften, vollen Bus zu hocken. Auf der Isarbrücke am Gasteig bleibe ich stehen, um meine Hose über die Stiefel zu ziehen. Dabei sehe ich unten auf der Kiesbank eine Ente, die sich in einem Draht verfangen zu haben scheint.

Ich schaue ihr eine Minute dabei zu, wie sie schimpfend ihr Bein streckt, aber nicht von der Stelle kommt.
Dann stelle ich das Rad ab und gehe runter an den Fluss. Als die Ente mich sieht, wird sie merkwürdigerweise ganz ruhig und kuckt mich an, als erwarte sie, dass ich ihr helfe. Sie erinnert mich mit ihrem beleidigt zusammengepressten Schnabel und dem schmalen Gesicht an Sandra Bullock. Wobei sie ein Er ist, flaschengrünes, fast schwarzes Kopfgefieder, das im Regen ölig schimmert.
Sie hat sich in einem rostig verbogenen Draht verheddert. Der Draht kommt aus einem Betonklotz, der im flachen Wasser liegt, und er ist so eng um das dünne Bein gelegt, dass ich gar nicht verstehe, wie sie in diese Schlinge hineingekommen ist. Die Ente quakt beleidigt vor sich hin und zerrt dann wieder an ihrem Bein. Ich bücke mich, gehe näher und rede währenddessen leise auf sie ein. Als ich vorsichtig den Draht und ihr knorpeliges Bein berühre, rührt sie sich nicht, dreht aber ihren Kopf ostentativ um 180 Grad weg. Ich muss an ein Kind denken, das beim Arzt eine Spritze bekommt und tapfer zur Decke kuckt. Ich habe den Draht kaum aufgebogen, da wendet sie ruckartig den Hals nach vorne und flattert schimpfend über die Kiesbank und das Wasser in Richtung Deutsches Museum davon.
Eine Viertelstunde später sitze ich in einer deprimierenden Mehrzweckhalle und höre rumäniendeutschen Schriftstellern zu, die über ihre Securitate-Akten sprechen. Die Tagung ist für die daran Beteiligten sehr dramatisch, in Rumänien werden gerade erst die Archive aus der Ceaucescu*-Zeit geöffnet, und die meisten Redner haben erst vor kurzem erfahren, welche Bekannten oder Verwandten sie jahrelang bespitzelt haben. Sie zittern während ihrer Vorträge, einige scheinen noch ratlos zwischen den Papieren zu sitzen und auf ihr Leben zu blicken wie auf einen vergilbten Haufen loser und plötzlich unentzifferbarer Blätter. Ein dünner Mann mit steingrauer Haut verliest mit hochgezogenen Schultern eine Art Schuldbekenntnis, andere prangern wütend an. Es ist wie bei uns um 1991, als die Ostdeutschen ihre Akten erstmals einsehen konn-

* Rumänischer Diktator (1918–1989).

ten und plötzlich Helden zu Schurken wurden. Durch die Berichte zeichnet sich das Bild ab eines abgeschotteten, dunklen Landes, ein Lager in Europa, hoffnungslos abgehängt wie ein einsamer Patient.

Ich will meinen kleinen, harmlosen Selbstversuch nicht mit dem furchtbaren Lebensschicksal der Rumänen vergleichen, aber zumindest an die Zustände in der DDR muss ich doch denken, als ich in der Mittagspause auf der Suche nach einer Telefonzelle durch den Eisgraupel laufe, genauer gesagt an Ostberlin Anfang der Neunziger. Als Student musste ich von unserer braunkohlebeheizten Ostberliner Hinterhauswohnung zum Telefonieren immer runter auf die Greifswalder Straße, wo zwischen Kaiser's und Postamt eine regenmantelgelbe Zelle stand. Alle Passanten, die ich jetzt frage, ob sie wüssten, wo hier eine Zelle steht, schütteln den Kopf, »Telefonzelle?!«, sagt eine junge Frau, »die gibt's doch schon lange nicht mehr«. Gibt es schon: Vor dem Kino Museum Lichtspiele. Ich bitte Cornelius Esau im Archiv, mir zum Thema der Tagung Zeitungstexte aus dem vergangenen Jahr zu suchen. Dass ich das Archiv bemühe, ist kein Trick, um das Internetfasten zu umgehen, ich lasse mir bei den meisten Themen, über die ich schreibe, von unseren Archivaren ein Dossier zusammenstellen. Der einzige Unterschied ist, dass ich die Sachen diesmal nicht auf meinen Rechner geschickt bekomme, sondern später an den Stadtrand radeln und sie mir holen muss, wenn ich sie heute noch lesen will.

Während ich laut in den Hörer spreche, um den Autolärm zu übertönen, fällt mir ein, dass die Polizei in einigen Städten jugendlichen Straftätern mittlerweile den Führerschein abnimmt. Die Polizei argumentiert, der herkömmliche Strafenkatalog würde bei vielen keine abschreckende Wirkung mehr entfalten. Führerschein und Auto hingegen seien wichtige Statussymbole. Wenn ihnen beides abgenommen werde, bedeute das einen erheblichen Prestigeverlust. Ich stehe im Hundepissedunst, starre auf ein hässliches »Fuck«-Graffiti an einem Stromkasten und frage mich, ob man hierzulande noch nie darüber nachgedacht hat, Leuten als drakonischste aller Strafen das Handy wegzunehmen. Prestigetechnisch

ist die Situation, in der ich mich gerade befinde, recht weit unten anzusiedeln. Selbst die härtesten Verbrecher, die bei der Urteilsverkündung hinter ihrer Gesichtskulisse schon ein Verachtungslächeln bereithalten, selbst solche Pitbulls würden wahrscheinlich reumütig winseln, wenn sie erführen, dass sie gar nicht ins Gefängnis kommen, sondern ihr Handy abgeben müssen oder nicht mehr ins Netz dürfen. So wie es in Frankreich neuerdings das Loi Hadopi erlaubt, das »Gesetz zur Verbreitung und zum Schutz kreativer Inhalte im Internet«: Wer erstmalig beim Raubkopieren erwischt wird, erhält eine warnende E-Mail. Beim zweiten Vergehen gibt es einen Brief per Einschreiben, beim dritten Mal kann einem der Internetzugang für ein Jahr gesperrrt werden. Bei schweren Verstößen können Geldstrafen bis zu 300 000 Euro und Gefängnis bis zu drei Jahren verhängt werden.
Während es in die offene Zelle regnet, stelle ich etwas sehr Merkwürdiges, scheinbar Widersprüchliches fest: Der Blackberry geht mir in dem Moment nicht ab. Überhaupt nicht. Ich starre auf das Ufer, an dem ich vor ein paar Stunden den Wendehals aus dem Draht befreit habe. Jetzt müsste das Ding mir doch fehlen. Tut er aber nicht. Es ist okay, wie es ist. Völlig konsterniert gehe ich zurück zur Tagung und hör mir weitere drei Stunden Leidensberichte der Securitate-Überlebenden an.

12. DEZEMBER

Der Rezeptionist in dem kleinen Berliner Hotel entschuldigt sich bei mir, es tue ihm wirklich leid, sie hätten momentan kein W-LAN. Ich sage, das sei völlig in Ordnung, ich hätte nämlich momentan auch keines.
Ich erinnere mich noch gut an den Moment, an dem ich erstmals dachte, Rühle, mit dir stimmt was nicht, du solltest dich lebenstechnisch dringend mal durchchecken lassen oder, besser noch, selbst etwas ändern: Das war, als ich in einem Pariser Hotelzimmer vergeblich versuchte, ins Netz zu kommen, wütend die Rezeption anrief und in den Hörer donnerte: »Wie können Sie sich vier

Sterne an die Eingangstür kleben und dann kein W-LAN haben?«
Ich habe auf meinen Journalistenreisen in Jugendherbergen und auf Zeltplätzen genächtigt, bin, um Übernachtungsgeld zu sparen, klaglos mit Nachtzügen in geruchsintensiven Sechserabteilen gefahren, ernähre mich unterwegs oft aus irgendwelchen Tüten, habe sogar das mumifizierte Tellerfleisch im Bahnhofsimbiss von Hamm klaglos aufgegessen und finde es völlig in Ordnung, wenn das Hotelzimmer auf einen schachtähnlichen Hinterhof rausgeht. Warum also führte ich mich plötzlich auf wie eine Mischung aus jähzornigem Hotelzimmerzertrümmerstarlet und pedantischem Mitarbeiter der Stiftung Warentest? Weil es mir, ohne dass ich das gemerkt hätte, zum festen Ritual geworden war, als allererstes in Hotelzimmern den Rechner hochzufahren. Statt wie früher spätabends schon mal einen Spaziergang durch die unbekannte Stadt zu machen – das ruhig und entspannt an einem Laternenmast kopulierende Paar in Marseille; der betrunkene Sänger mit schiefgeknöpftem Mantel auf dem verschneiten Dach des Secondhand-Ladens in Reykjavik; die tot vom Himmel fallende Riesenmöwe in den Häuserschluchten von Vancouver –, arbeitete ich an viel zu tiefen Sofatischchen Mails ab.
Dem Berliner Rezeptionisten hätte ich gerne noch gesagt, dass er sein W-LAN-freies Hotel doch einfach offensiv verkaufen soll, der echte Luxus besteht heute nicht mehr darin, W-LAN zu haben, sondern im Gegenteil darin, einen unvernetzten Raum zu bieten. Die Menschen dürsten doch nach Entschleunigungsoasen, Schweige-Retreats, Meditationswochen, Klosteraufenthalten. Allerorten werden »Räume der Stille« gebaut. Das Sheraton in Chicago wirbt damit, dass die Gäste ihre Mobilfunkgeräte abgeben können. Und das Fünfsternehotel Vigilius in Südtirol bietet Zimmer ohne Fernsehen, Radio und Internet an, das sei für all die gestressten Führungskräfte, die hier hochkämen, »der eigentliche Luxus«, sagte mir eine Managerin.

15. DEZEMBER

Post! Ich habe Post bekommen! Ein richtiger Brief, handgeschrieben, zweieinhalb Seiten, reflektiert, sympathisch. Thomas Mohol hat mir aus der Justizvollzugsanstalt Bernau geantwortet. Der Erste, der mir so schreibt, wie ich mir das vorgestellt habe, mit dem ich in meinem neuen analogen Leben sozusagen auf Augenhöhe kommuniziere, ist also ein Gefangener. Ich könne gerne kommen, schreibt er, er habe aber nur zwei Stunden Besuchszeit im Monat, ich müsse den beiliegenden Antrag ausfüllen. Was ich postwendend tue. Und wenn ich hier mal zart vorgreifen darf: Das ist der Beginn meiner intensivsten Briefkorrespondenz. Was insofern passt, als Mohol der einzige Mensch in meinem Umfeld ist, der ebenfalls gezwungen ist zu radikal entschleunigter Kommunikation, die vom Haftpersonal noch mal verlangsamt wird: Da sowohl eingehende als auch ausgehende Briefe erst von einem Computer gescannt und, wenn darin auffällige Wörter stehen, von den Vollzugsbeamten gelesen werden, dauert es im Schnitt eine Woche, bis wir jeweils voneinander Antwort bekommen. Das ist jetzt so mein Rhythmus.

16. DEZEMBER

Ich sollte noch mal was sagen zu meinem Handy. Dass ich momentan keines habe, ist eine Art Kollateralschaden. Ich hab ja den Blackberry abgegeben, weil der mich zum Sklaven meiner Mailbox machte. Dass ich dadurch auch mein Handy für ein halbes Jahr verliere, habe ich zwar sehr gern in Kauf genommen, aber es geht bei meinem Experiment um das Netz und seine Ablenkungs- und Nivellierungskräfte. Auf meinen Dienstreisen werde ich ein Handy brauchen, ich muss da erfahrungsgemäß ständig Termine verschieben und neu organisieren. Ich nehme aber ein altes, aus der Zeit, als Telefone noch nicht smart waren. Hab schon meine Eltern gefragt, ob sie mir ihr uraltes Ding leihen.

18. DEZEMBER

Nanu, was ist denn jetzt plötzlich los? Es kommen zwei Postkarten und zwei Faxe von Leuten, die mir anscheinend zunächst eine Mail geschrieben haben und die dann, nach dem kargen Dialog mit meinem Abwesenheitsagenten, zum Stift gegriffen haben. Alle schicken halb belustigte, halb sehnsüchtige Glückwunschgrüße, jedes Mal wird betont, das sei ihre erste handschriftliche Äußerung seit langem, und jedes Mal klingt an, das würden sie selber gerne machen. Einer schreibt, ihn erinnere mein Experiment an das Zen-Sesshin*, das er in diesem Jahr besucht habe.
»Sie haben's gut«, seufzt eine Leserin und erklärt dann aber ausführlich, warum es ihr völlig unmöglich sei, auf Mail oder Netz zu verzichten, und ein Anrufer sagt, 14 Tage E-Mail-freie Zeit im Jahr müssten in die Menschenrechts-Charta. Jurgen Ostarhild, ein Fotograf aus Paris, den ich gar nicht kenne, schreibt gar, er wolle mich unbedingt fotografieren, und zwar einmal jetzt, zu Beginn meines Experiments, und dann noch mal am Ende. Glaubt der, dass das Internet derart zerrüttende Folgen für uns hat, dass man mir die Abstinenz sofort ansieht? Habe ich etwa im Mai ein analoges Strahlen im Gesicht?
Momentan glaube ich eher, dass man mir ansieht, was für einen Stress das Abschalten bedeutet. Wenn die sehen könnten, wie mühsam ich mich durch den Alltag hangle – ich weiß nicht, ob sie noch solche euphorischen Grüße schicken würden. Ich radle im Schneetreiben zum Hauptbahnhof, um mir einen Teil der internationalen Zeitschriften zu besorgen, deren beste Texte mir in meinem früheren Leben Morgen für Morgen frisch und appetitlich online aufgeschnitten wurden.
Noch schrecklicher ist die Arbeit mit herkömmlichen Wörterbüchern. Erst als ich gestern für eine Übersetzung ein paar englische Wörter nachschlagen wollte, wurde mir bewusst, dass ich in all die Langenscheidt- und Pons-Bände, die hinter mir im Bücherregal

* Schweigeseminar, zum Teil über mehrere Tage oder Wochen. Ziel ist es, Aufmerksamkeit und Konzentration zu üben.

stehen, seit vielen Jahren nicht reingeschaut habe. Auf den 2000 Jahre alten Tongefäßen, die der Hirtenjunge zufällig beim Ziegenhüten in den Höhlen von Qumran fand, lag weniger Staub als auf diesen Bänden. Die stehen da noch rum wie eine Art Biographietapete, der »Petit Robert« aus Paris, das Griechischwörterbuch aus dem ersten einsamen Semester in Berlin. Wie vergilbte Urlaubserinnerungen, die man gar nicht mehr wahrnimmt. Man blättert sich dumm und dusselig in diesen Büchern.

Sollte also noch irgendjemand Bedenken haben gegen das Web 2.0, einfach hier vorbeikommen, eine halbe Stunde vor meinen Käfig stellen und mir dabei zusehen, wie ich mich durch die schüttere, analoge Restewelt taste, Wörterbücher, Kioske, zugige Telefonzellen, röchelnde Faxgeräte und die ahnungslose Auskunft. Danach wird er sich kopfschüttelnd abwenden und dankbar durch Google, Wikipedia, telefonbuch.de und die Leo-Wörterbücher flanieren. All diesen Digitalschwaflern hingegen, die da behaupten, es gebe gar kein Außerhalb des Netzes mehr, sage ich: Klar gibt es das, hier bei mir, zwölf Quadratmeter, komplett außerhalb.

Fabrizio Gatti, ein italienischer Reporter, ist vor ein paar Jahren in den Senegal geflogen, um sich von dort aus mit Laster, Pick-up, Bus und zu Fuß quer durch die Sahara nach Europa aufzumachen, auf den Routen all der Menschen, die bei uns auf Arbeit und ein besseres Leben hoffen. In »Bilal«, seinem fantastischen Bericht über diese grausame, extreme Reise, erzählt er einmal, wie ihm alle Mitfahrer auf einem überfüllten Lkw mitten in der leeren Ténéré-Wüste ihre Mail-Adressen aufschreiben, damit er ihnen die Fotos von diesem lebensgefährlichen Treck schickt, eines Tages, wenn sie alle es nach Europa geschafft haben werden: »Dabei haben sie kein Zuhause mehr. Wissen nicht, wo sie in einem Monat sein werden. Was sie tun werden. Wo sie in einem Jahr wohnen werden. Aber alle haben eine E-Mail-Adresse. Das Web, das Netz und das Internet sind der einzige feste Halt in ihrem Leben. Der einzige Raum, in dem sie eine Spur hinterlassen können. Diese Menschen, die der Ausweglosigkeit ihres Landes entflohen sind, sind die wahren Bewohner des globalen Dorfes. Ohne das Internet wüsste niemand mehr von ihrer Existenz, nicht einmal mehr ihre nächsten Angehörigen.«

Ja, es ist fantastisch, dass es solche Möglichkeiten gibt. Dass Familien, die auf der Flucht auseinandergerissen wurden, einander über die dänische Plattform Refugees United suchen können. Dass in Ländern wie China die staatliche Kontrolle an ihre Grenzen gerät, weil im Netz die Blogs wuchern und Twitter zu schnell ist für die Zensoren. Dass die Bilder von den blutigen Zusammenstößen in Iran in Echtzeit um die Welt gingen.

Aber wir hier, wir sind nicht in der Sahara, nicht in China, nicht in Iran. Und ich finde es ziemlich beunruhigend, dass wir vor lauter In-den-Rechner-Starren gar nicht mitbekommen, wie währenddessen hinter unserem Rücken viele analoge Strukturen in solch schnellem Tempo vom Netz aufgesaugt werden, dass ich mich mittlerweile frage, ob man das Experiment, das ich gerade durchziehe, in zwei, drei Jahren überhaupt noch machen könnte. »Wir haben keinen blassen Schimmer, was das Netz gerade kulturell mit uns macht«, wird der Soziologe Hartmut Rosa mir in drei Monaten in seinem Universitätsbüro sagen, »es geht zu schnell, wir kommen mit der theoretischen Einordnung dieses Umbruchs auch nicht ansatzweise hinterher.« Warum ich jetzt schon weiß, dass Rosa das sagen wird? Auch in der analogen Welt gibt es noch Zauberei!

22. DEZEMBER

Mein Kollege Marc Felix Serrao kommt vorbei und bringt mir einen Ausdruck von Markus Albers, der darüber bloggt, dass er in seinem zweiwöchigen Toskana-Urlaub unfreiwillig auf Entzug war, weil es kein Netz gab. »Hier«, sagt Felix, »noch so ein Verrückter. Aber der hat nach zwei Wochen zurückgefunden ins normale Leben.« Albers benutzt genau wie ich die Suchtmetaphorik, nur dass es bei ihm anscheinend sehr viel schneller ging mit der Heilung: »Es hatte etwas von kaltem Entzug in vier Stufen. Ich war erst ungläubig, dann unruhig, schließlich unleidlich. Und, oh Wunder, eines Morgens plötzlich clean. Ich akzeptierte das Offline-Sein, stellte den Frühstückstisch in die Sonne, streichelte den Hofhund und kochte Kaffee. Wir lasen den ganzen Tag Bücher und gingen abends Pasta essen.«

Meine Güte, klingt das bei mir auch so nach Werbefilm und ganzheitlichem Instantglück? Der Mann war zwei Wochen im Urlaub und schon, oh Wunder, ist eines Morgens alles gut? Ich esse zwar auch Pasta, aber in der Kantine. Der Kaffee kommt röchelnd aus einem ekelhaften Automaten, und von tiefkonzentriertem Bücherlesen mit Hofhund fehlt bisher jede Spur.

Der letzte Absatz ist grob unfair, Markus Albers' Text ist ein sehr sympathischer Blogeintrag, der Mann tut nämlich am Ende gar nicht so, als habe diese Auszeit sein ganzes Leben verändert. Im Gegenteil, er schreibt, dass er, kaum aus dem Urlaub zurück, sofort wieder anfing mit seinem Suchtverhalten, permanent Mails checkte und sich beim Essen mit Freunden »bei der zeitgenössischsten und zugleich erniedrigendsten aller Kulturtechniken ertappte: Dem Vorwand, aufs Klo zu gehen, um dort heimlich E-Mails zu checken. Und kurz Twitter. Und vorm Rausgehen noch schnell den Feedreader.« Also Entschuldigung für die voreilige Breitseite.

Dass ich so gereizt reagiert habe, hat mit etwas anderem zu tun: Eine der größten Unaufrichtigkeiten im kritischen Reden übers Netz ist, dass man es oft so isoliert betrachtet. So als müsse man nur mal fünf Tage ausschalten, und schon sprudele aus unser aller geheimem Lebensquell erfüllte Zeit hervor wie leise murmelndes Heilwasser. So als sei das Netz an all unseren Daseinsdeformationen schuld. Und als sei man selber halt ein wenig undiszipliniert, müsse sich nur mal am Riemen reißen und abschalten, schon sei das Leben ein Ballsaal stillen Glücks.

Klar, das Netz beschleunigt und lenkt ab. Aber alles andere beschleunigt ja auch. Der berufliche Alltag eines durchschnittlichen Menschen ist eben genau das Gegenteil eines sinngesättigten Toskananachmittags mit abendlichem Goldrand, man hangelt sich mehr schlecht als recht durch grau konturierte Tage, hat psychische Atemnot, weil man Zeit meist als Mangelware und sich selbst als Mangelwesen und lächerliches Auslaufmodell erlebt. Das Netz hilft einem da ja auch, Schritt zu halten mit den anderen.

27. DEZEMBER

Lange Texte am Rechner lesen – genauso gut könnte man sich vor einen Glücksspielautomaten setzen, in dem auf verschiedenen Rollen Zeichnungen von Pflaumen, Kirschen, 200-Dollar-Scheinen rotieren, und in die Mitte, zwischen das optische Kreischen dieser Rollen, den Text einspannen. Beim Lesen im Netz entsteht an der Peripherie des Blickfeldes permanent dieser Sog, links und rechts des Textes blinken entweder Werbebanner oder die anderen Angebote der Seite, die einen weglocken. Währenddessen ploppen Mails hoch, jemand skypt, das übliche Geprassel. Als Forscher des University College London das Onlineleseverhalten von Usern der British Library und der Internetseiten des britischen Erziehungsministeriums untersuchten, stellten sie fest, dass am Computer kaum jemand einen Text zu Ende las. Das lineare Lesen schien – quer durch alle Generationen – einer Art panischem Textgehoppel gewichen zu sein: »User lesen nicht im althergebrachten Sinne. Eher kann man sagen, dass neue Formen des Lesens entstehen, das horizontale ›Powerbrowsen‹, bei dem Texte nach schnellen Happen durchkämmt werden. Fast scheint es, als würden sie online gehen, um das analoge Lesen umgehen zu können.«
Die Geschäftsführer der Onlinezeitungen werden sich bei dem Erscheinen der Studie die Hände gerieben haben, schließlich haben sie keinerlei Interesse daran, dass man einen Artikel, geschweige denn eine lange Reportage oder einen komplexen Leitartikel, zu Ende liest. Der ideale Netz-User ist für sie der zerstreute Texthopper, der nervös durchs Angebot klickt, der bringt mehr sogenannte Page-Impressions, für die man mehr Werbeeinnahmen verlangen kann. Sex sells, Text nicht so. Langer Text erst recht nicht.
Nun kann man zwar gegen diese Londoner Studie einwenden, dass all die Menschen, die auf den Webseiten der British Library oder des Ministeriums waren, jeweils irgendetwas Bestimmtes

gesucht haben werden. Und in solchen Fällen scannt und scrollt man eben.

Dennoch: Seit der Publizist Nicholas Carr im August 2008 im »Atlantic Monthly« beschrieb, wie sich sein Gehirn durch das permanente Linkhopping an das zappelige Netz adaptiere, ist die Klage von der Konzentrationszerstäubung zum Leitmotiv der Internetkritik geworden. »Mich beschleicht das unangenehme Gefühl, dass jemand oder etwas an meinem Gehirn herumgebastelt hat«, schrieb Carr. »Als ob der Neuronenschaltkreis neu gepolt und die Erinnerung neu programmiert würde. Früher fiel es mir leicht, mich in einem Buch zu verlieren. Heute kommt das kaum noch vor. Ich werde nach zwei Seiten zappelig und schaue mich nach einer anderen Beschäftigung um. Das konzentrierte Lesen, das mir früher leichtfiel, wird zu einem anstrengenden Akt. (...) Früher war ich ein Taucher im Ozean der Worte. Heute rausche ich auf der Oberfläche entlang wie ein Wasserskifahrer.« Kaum ein Text im Netz führte je zu solch heftigen Debatten wie Carrs Beschreibung seines abnehmenden Konzentrationsvermögens.

Ich muss nach den ersten Wochen meines Experiments sagen, dass ich bislang auch im analogen Büromodus kaum mal tief in einem Text versinke. Die gehetzte Unruhe während der Arbeit ist schließlich dieselbe wie vor dem Abschalten: Ich scanne Kataloge, wühle mich durch die Meldungen, rastere Magazine durch. All dieses atemlose Herumfingern belegt, dass ich Zeit in meiner Arbeit meistens als etwas nervös Vertickendes erlebe: Der tägliche Betrieb funktioniert wie ein Countdown, der Tag rast auf 16.30 Uhr zu, auf den Moment des Belichtens, als sei die Zeit eine abschüssige, seifig glatte Fläche, auf der man unmöglich bremsen kann.

Kein Wunder, dass ich bislang nie entspannt in dem schönen grünen Stuhl von meiner Oma saß, den ich mir vor Beginn des Experiments ans Fenster gerückt habe, um von hier aus als freier analoger Mensch den Blick über die Alpen schweifen zulassen. Stattdessen hing ich weiterhin am Flachbildschirm, nur jetzt wie das Opfer einer Dürrekatastrophe, das seinen leeren Becher unter den tröpfelnden Hahn hält, aus dem es früher in viel zu dickem Strahl sprudelte.

30. DEZEMBER

Ich radle nach der Arbeit ruhig am Deutschen Museum entlang, als plötzlich 150 Meter vor mir ein Auto auf den Bürgersteig katapultiert wird. Um eine halbe Sekunde versetzt, erreicht mich der Knall eines brachialen Zusammenstoßes, während die Schnauze des Wagens noch vor sich hinschaukelt, als müsse der Kühler die jäh gebremste Geschwindigkeit aus sich herauswürgen. Ein scharfes Zischen und etwas Schepperndes, vielleicht eine Radkappe, dann totale Stille. Etwa drei Sekunden lang. Und dann hört man dieses Kind gellend schreien. Der Schrei ist so schrecklich, als würde mir einer eine Axt in die Schulter hauen. Als ich an der Kreuzung ankomme, umringen mehrere Erwachsene einen kleinen Jungen, der neben dem Auto liegt, plötzlich verstummt und auf seine ausgestreckten Beine starrt. Stirbt der gerade? Ist er unter Schock? Zum Glück habe nur ich mein Handy abgegeben, die anderen Zeugen zücken umgehend ihre Telefone, um einen Notarzt zu rufen.

31. DEZEMBER

73 Billionen. Meine Güte. Unplugged sieht das so aus:
73 000 000 000 000
So viele Mails wurden angeblich im vergangenen Jahr verschickt. Mit solchen Ziffernbergen hantieren sonst nur amerikanische Astrophysiker oder Hedgefonds-Manager herum. Das sind aber auch knallharte Burschen, die in Harvard psychisch darauf vorbereitet wurden, lebenslang mit extremen Nullen umzugehen. Aber ich? Was, wenn eine solche Zahl in meinem kleinen Leben einschlägt wie ein Komet? Ich verbringe meine Zeit doch inmitten von freundlichen Zahlen, so handsam wie ein Streichelzoo: Werde, wenn alles gut geht, 80 Jahre alt, was Pi mal Daumen die Mitte sein dürfte zwischen einer Millisekunde und dem Alter des Alls.

Bin einsachtzig groß, was wiederum die wohnliche Mitte zwischen einem Nanometer und den kosmischen Größendimensionen ist. Andererseits können mir die 73 Billionen ja auch vollkommen wurscht sein. Ich muss sie ja nicht lesen. Genauso wenig wie die 200 Millionen Neujahrsgrüße, die heute angeblich in Deutschland per SMS verschickt werden. Ich hab keine bekommen, keine verschickt. Der Witz ist aber, dass ich diesmal auch gar keine erwartet habe, da war, anders als sonst, keinerlei Mangelgefühl. Wir sind mit den Kindern rausgegangen, um acht, haben uns an die Straßenecke gestellt, drei Raketen angezündet und uns gefreut, als eine von ihnen funkenprasselnd an die schneeüberzuckerte Zugleitung schoss. Und weil wir um diese Uhrzeit die Einzigen waren da draußen, war es so still, dass man hörte, wie im Dunkel die dünnen Holzstäbe mit den ausgebrannten Zündsätzen auf die Straße fielen.

JANUAR

Der Proband wundert sich über sein eigenes präventives Digitalgeschleime, besucht einen Gefangenen, der durch die Mitwirkung in einem Männerchor enorme Oberkörpermuskeln entwickelt hat, und betet im SZ-Aufzug inbrünstig, dass das digitale Superhirn nicht einem Erwachsenenhirn gleichen möge.

2. JANUAR

Mir ist heute ganz feierlich und neujahrsknusperfrisch zumute, ich richte mich in der Bürowohnung meines Freundes Axel ein, habe dort ein Zimmer, als Untermieter, ein kahler Tisch mit Fenster zum Hof, das soll mein Arbeitsplatz sein in meinen freien Monaten. »Hey, da bist du ja,« sagt er morgens, »trotz sozialem Selbstmord.« Er behauptet, mir aus Kairo eine Karte geschickt zu haben, »vor einer Woche schon, aber was für ein Aufwand, Karte kaufen, Briefmarke kaufen und dann noch mit der Hand schreiben. Muss ich mich erst wieder dran gewöhnen, kriegt man ja einen Krampf.«

Axel arbeitet freiberuflich für eine der größten Softwarefirmen der Welt, und er ist der lebende Gegenbeweis zu all den Theorien von der automatischen geistig-seelischen Verarmung durch das Internet. Wenn er sich ein neues Gerät kauft, schwärmt er zwar wochenlang von der Formschönheit, der »architektonischen Eleganz« und Intelligenz dieser Maschine, er hat aber trotz seiner Totalvernetzung ein reiches analoges Leben, verbringt viel Zeit mit seinem Sohn und seiner Frau, reist viel, liest viel, und ich kenne niemanden, der seine Freundschaften so gut pflegt wie er. Mich kann er heute leider nicht sonderlich pflegen, er muss nämlich für seine Firma Kundeninterviews führen, ganz plötzlich, aber das sei typisch, schimpft er, schließlich herrsche in dem Laden eigentlich permanent nur Chaos. »Es gibt keine Verträge, jeder wurstelt einfach vor sich hin, weil alles viel zu schnell geht und weil die in der US-Zentrale keinerlei, aber wirklich keinerlei Überblick haben. Eigentlich ist es in solch großen Softwareunternehmen wie im Sozialismus: Es werden mit großem Aufwand irgendwelche Fünfjahrespläne erstellt, die aber schon nach einem Jahr wieder Makulatur sind. Macht aber nichts, nach dem Jahr haben eh alle vergessen, dass das irgendwann mal abgemacht wurde. Vergangenheit war gestern, es geht immer nur in Richtung Zukunft.«

Spricht's und schließt die Tür, weil ihm die Kundeninterviews, die er später zu sogenannten Customer-Success-Stories mit jeweils mindestens »zwei quantitativen Winner-Issues« zusammenfassen muss, peinlich sind. Ich aber sitze im Nebenzimmer, schaue ins Schneegestöber raus und gratuliere mir selber zu meinem ganz privaten Winner-Issue: Ich bin seit einem Monat offline und habe kein einziges Mal geschummelt.

Als ich vorhin meine Dezemberaufzeichnungen durchgelesen habe, fielen mir zwei Dinge auf: Erstens wurde mir fast schlecht, als ich meine Liebeserklärung an das Internet an einem der allerersten Tage noch mal las. Nicht dass ich damit gelogen hätte. Aber was für eine übertriebene Winselei: »Ich mache all das nicht, weil ich das Internet doof finde. Im Gegenteil, ich finde es großartig, ein riesiges Versprechen.« Als hätte ich Angst, dass mir irgendwelche fanatischen Blogger mit dem Baseballschläger auflauern, wenn ich nicht erst mal devot den ultimativen Treueschwur aufs Netz leiste.

Interessanterweise ist in allen Texten, die sich kritisch mit dem Internet auseinandersetzen, irgendwo dieses geradezu ritualhafte, defensive Bekenntnis eingebaut, man habe ja erst mal rein gar nichts gegen das Netz und sei, Gott bewahre, ganz bestimmt kein Maschinenstürmer. Das sei schon alles super, two thumbs up, Bombenerfindung, und wie fantastisch, dass man das Kinoprogramm, alle Münchner Orthopäden und das Rezept für den Rote-Bete-Walnuss-Salat auf Knopfdruck finde. Außerdem verfolge man die permanente Verbesserung der Geräte selbst mit frenetischer Begeisterung und kaufe sich jedes neue Gadget mit einer Art Weihnachtssehnsucht. Aber. Und dann erst kommt es.

Das Zweite, was mir auffiel: Dass ich tatsächlich fast jeden Tag geschrieben habe. Ob das am analogen Leben und der dadurch frei werdenden Zeit liegt? Bisher dachte ich immer, neben der SZ und der Familie bliebe keine Zeit für gar nix. Jetzt schreibe ich jede Nacht zwei Stunden, und es geht wunderbar. Ich glaube sogar, plötzlich psychisch aufgeräumter zu sein als sonst. Vielleicht liegt's nur an den ruhigen Tagen zwischen den Jahren.
Die Psychologie spricht in diesem Zusammenhang vom subjektiven Zeitparadoxon: Die Länge der Zeit dreht sich in der Erinnerung gewissermaßen um. Intensiv erlebte Zeit kommt einem lang vor. Wenn ich auf einer Radtour morgens im eisigen Nieselregen am Vierwaldstättersee losfahre, mich bis zum Mittag durchs Geröll und letzte Schneefelder auf den karstig einsamen Gotthard hinaufquäle, dann auf der Tessiner Seite in den milden Nachmittag rolle, vorbei an ersten Palmen, italienisch klingenden Dorfschildern, einem Weinfest kurz hinter Mairengo, und abends am Lago Maggiore unter sternklarem Himmel mein Zelt aufbaue, dann wundert mich im Rückblick auf diesen satten, vollen Tag, während meine Lungenbläschen vom Radfahren noch wie Schampus prickeln, dass nur zehn Stunden vergangen sind. Setze ich mich hingegen am selben Tag in Luzern in einen Porsche Cayenne, was ich hoffentlich nie in meinem Leben tun werde, und lege dieselbe Strecke im Stop-and-go-Rhythmus der Ferienlawine zurück, scheint sich die öde Zeit auf der Autobahn unendlich zu dehnen. Am Abend aber, wenn ich in Bellinzona den Wagen genervt in die Tiefgarage des Fünfsternehotels fahre, wirkt es, als sei der Tag schon wieder ausgelöscht. Nichts bleibt haften, die vergangene Zeit schrumpft, weil ich kaum Erinnerungsspuren angelegt habe. Ich liege dann im Hotelbett und denke traurig, was war heute eigentlich? Und dann dreht mir im selben Moment gemeinerweise auch noch jemand unten in der Tiefgarage die Ventile von meinem Spritpanzer auf.
Die als lang(weilig) erlebte Zeit schrumpft in der Erinnerung zu einem kurzen Punkt zusammen; als kurzweilig erlebte Zeit hingegen wird im Gedächtnis in große Erinnerungsräume umge-

wandelt. Früher habe ich all die Sofakartoffeln bedauert, die stundenlang vorm Fernseher versanken, Dutzende Programme in sich reinstopften wie Chips and Fingerfood und danach nicht mal mehr sagen konnten, was sie da alles gesehen hatten. Die verglotzte Zeit verschwand im Moment des Ausmachens in sich selber. Im Netz habe ich großteils nichts anderes gemacht. Der ganze Tag kommt äußerst kurzweilig aus ein und derselben Kiste, die Nachrichten, die Arbeit, die Filme am Abend, alles Intensitätssnacks zum Instantknupsern – und beim Ausschalten ist alles gelöscht.
Shuka Glotman ist ein Fotograf aus Tel Aviv. Als er im Herbst zu Besuch bei uns war, lief er jeden Tag zu Fuß durch die Stadt. Wenn wir uns abends trafen, fragte ich: »Und, wie war dein Tag?« Er fing dann immer irgendwelche tollen Geschichten an: »Da war dieser alte Mann, der die Schwäne fütterte, unten an der Isar, und als ich fragte, woher er die Narbe an seiner Hand habe, erzählte er, wie er 1972 aus Bulgarien nach Deutschland geflohen ist.« Es folgte die turbulente Lebensgeschichte des Bulgaren und Interessantes über das Futterverhalten von Schwänen. Am Ende fragte er: »So how was your day?« Hmm. Wie war mein Tag. 77 Webseiten angesurft. 63 Mails geschrieben. Alles vergilbt.

3. JANUAR

Gerade eben las ich erleichtert im Lokalteil, dass der kleine Junge den Unfall am Deutschen Museum mit Beinbruch überlebt hat.

4. JANUAR

Das wahrscheinlich Schlimmste an meiner digitalen Sucht war die Aufmerksamkeitszerstäubung, die Schwierigkeit, konzentriert über lange Strecken an ein und derselben Sache zu arbeiten. Der vorige Satz hätte in meinen Internetzeiten so ausgesehen: Das wahrscheinlich Schlimmste spiegel. de/panorama an der Sucht war die Aufmerksamkeitszerstäubung climatedebatedaily. org, nyt.com, die Schwierig webmail.sued-data.de keit, konsistent webmail.sued-data.de, vimeo.com über lange Strecken google.de, google.com/attention-deficit an ein und derselben Dingenskirchen, na wo war ich, egal, schau ich halt irgendwas auf youtube.com.

5. JANUAR

Vor dem Zeitschriftenladen am Hauptbahnhof, in dem ich mich seit dem Beginn meiner Fastenzeit regelmäßig mit ausländischen Magazinen und Zeitungen eindecke, stehen vier etwa 20-jährige Jungs und daddeln an ihren Handys rum. Da einer von ihnen eine rotschwarz karierte Hose und Hosenträger trägt, muss ich an Jack White denken, den Sänger der »White Stripes«. Der klagt kurz bevor ich offline gehe, in einem Interview, wie alleine er sich fühlt, wenn er mit seinen Leuten auf Tour ist. Er besitzt selbst kein Handy und hat mittlerweile am Flughafen niemanden mehr, mit dem er sich unterhalten kann: Alle seien nonstop damit beschäftigt, Kurzmitteilungen in alle Welt zu verschicken. »Ich möchte lieber Teil der Wiedergeburt all der Dinge sein, die man anfassen kann, die schön sind und eine Seele haben, als einzuknicken und Teil des digitalen Zeitalters zu werden«, sagt er. »Aber wenn ich darüber mit anderen rede, sagen sie nur: Yeah, ich weiß, was du meinst, und starren dabei auf ihr Handy. «
Ich würde jetzt gerne Jack Whites Hand nehmen und sagen, dass ich das vielleicht etwas prätentiös und erlöserhaft formuliert finde, aber er ist nun mal Popstar, die werden dafür bezahlt, alles immer etwas XXL auszudrücken. In Ermangelung einer echten Popstarhand gehe ich zu den vier jungen Menschen, versuche deren Hand zu ergreifen beziehungsweise mit ihnen ins Gespräch zu kommen und erlebe mich als alten Sack, ja als völlig aus der Zeit gefallenen, geradezu barocken Schrullenmacher.*

* Rühle kopiert in den folgenden Passagen den Sprachstil des barocken Schriftstellers Hans Jakob Christoffel von Grimmelshausen (um 1622–1676). Sein Hauptwerk ist der Schelmenroman »Der abenteuerliche Simplicissimus« (1668/69).

Ich frage die vier zunächst nur, wie ihr Handel steht und ob alles zum Besten bestellt ist. Sie schauen von ihren Gerätschaften auf und fragen knurrend zurück, ob ich noch alle Tassen im Schrank habe. Ei freilich, erwidere ich ohnverzagt, und dass ich mich nit wenig freue, einmal mit jungen Kerlen ins Gespräch zu kommen, worauf sie einander ansehen, als hätten sie zu tun mit einem, der jählings im Wahn versinkt. Der Älteste der vieren sagt, ich Vollpfosten soll scheißen gehn und andere garstig Bubenstücke. Mir stehen alle Haare gen Berg ob dieser Widerworte, aber da ich nicht gleich in Gezänk geraten will, erkläre ich, nicht scheißen zu gehen ist mein Begehr, sondern mich mit ihnen zu unterhalten. Ich bin kein Schindhund oder Schabhals (diese beiden Ehrentitel werden den Geizigen gegeben) und will sie einladen auf einen Trunk, gern auch ein gut Stück Fleisch in einem Geschwindspeisengasthaus, um einmal zu erfahren, wie die Jugend so tickt. Da echauffiert sich der Rädelsführer wie ein Cholerikus, den die Gall verderbt, wiewohl er doch zunächst gar nicht selbiger Komplexion noch dem Zorn beigetan wirkt: Ob ich pervers bin, will er wissen, oder schwul. Meiner Treu, sage ich, ich will sie nicht zu abseitigen Gebräuchen persuadieren, allein ich bin intressiert an ihrem Leben, digital generation, die würde das vielgemeldte Internet doch nutzen Tag und Nacht, das ist erklecklich anders, als wir Altvorderen leben. Und da es in den Wirtshäusern grausam teuer zu zehren ist, sie aber von der Generation Praktikum, die ja kein anständig Sold erhält, will ich sie einladen. Das lassen sie sich gefallen und wir essen Weichbrote und trinken braunes Wasser voll Zucker. Ob sie denn nicht Weltmangel verspüren, frage ich anjetzo, immer nur in sozialen Netzen unterwegs. Zwei der Liederjahne sehen mich an, als wenn ein Meerwunder zur Schau geführt wird, die anderen hören mich nit, sind sie doch wiederum an ihren Apparaten zugang. Da sie mir mit ihrem Exempel meine Sorge bestätigen, fahre ich fort, ob da nicht das Gefühl von Einsamkeit ist, gerade weil sie alle immer nur zusammen rumhängen.

»Krass, der Trottel«, murmelt einer. Da ich den Anwurf gar kaltsinnig annehme, schaut er mich an wie ein selten Tier und macht mit seinem Gerät eine Aufnahme von mir, die er den andern lächelnd zeigt. Ich denke: Was will das werden? Du musst ander Wort hervorsuchen als bisher, sonst vermehren sich die Grillen und Tauben, die der Fürwitz in ihrem Hirn ausheckt, und sage derhalben: »Es ist mir fernerhin um das Communizieren zu tun und frage mich, ob nicht euer Reden und Schreiben leidet an den flitzeflinken Botschaften, die ihr einander ohn Unterlass zusendet, und die doch oft fahrig sind. Und ob in euren Köpfen nicht ein taumelndes Brummen und Kreisen ist, das alle Concepta verwirrt. Da habt ihr nun frei raus die Sorgen meines Herzens. Nun sagt mir aber auch, was ihr dazu meint.«

Da aber ist es, als hätte eine aprilenwetterische Gunst dem Rädelsführer den Geist verwandelt: »Hören Sie mal, ich studiere Linguistik«, sagte er, plötzlich ruhig und ernst, »und Ihr kulturkritisches Gerede ist wirklich der älteste Hut. Es geht doch laut euch Kulturkritikern seit 2500 Jahren bergab, warum gibt es dann immer noch Nobelpreisträger und Bibliotheken?«

Potz Herz, der wackre Kamerad schmeckt mir mehr und mehr, allein die andern drei fassen mein Reden noch immer als Büffelposse und Facetie auf. »Endporno, der Typ«, sagt der eine, droht mir Stöße an und Nasenstüber und gießt mir durch schändlichs Geschrei mit der allerschärfsten Lauge auf, also dass ich wohl sehe, dass meine Sach so in die Länge kein Gut mehr tun werde und ich schaue, wie ich Land gewinne.

Ist doch wahr, ey. Ich bin gerade mal 40, aber ich scheine mich in Sachen Internet mit 20-Jährigen nicht normal unterhalten zu können. Sofort gilt man als reaktionärer Pedell, war ja nur ne Frage.

6. JANUAR

Heute morgen habe ich kurzerhand mein Fensterbrett abgeräumt. Da standen all diese Bücher übers Netz rum, die Ordner mit den wissenschaftlichen Studien und Schlaumeieruntersuchungen, daneben ein riesiger Stapel Mutmaßungsballast, Leitartikel, Essays, »Spiegel«-Titel. Die ersten Tage dachte ich, du musst da doch viel mehr reinschauen. Aber wenn ich dann reinschaue, bekomme ich meist ein hoffnungslos trockenes Gefühl im Mund, so als müsste ich bei großem Durst eine Tüte Mehl essen. Diese Texte sind oft so dürr, weil sie unter der sengenden Sonne des Rechthabens stehen, in der monotonen Wüstenei der Bescheidwisserei. Alle wollen immer etwas beweisen, was von Anfang an feststeht, wie in Nietzsches* galliger Berufsdefinition der Philosophen, die in seinen Augen »Leute sind, die einen Stein hinter einen Baum legen, und dann gehen sie ihn suchen.« Beneidenswert, wie da immer Thesen übers Papier geschoben werden wie winzigkleine Spielzeugautos, die man nach Belieben umstellen kann. Dann zaubern die Autoren eine Untersuchung aus dem Ärmel, die ihnen merkwürdigerweise ebenfalls wieder zu hundert Prozent recht gibt, ist das nicht fabelhaft, und untermauern das dann noch mal mit Studie hier, Studie da. Ich tu hier ja selbst oft so gescheit.

Ich bin ab jetzt einfach meine eigene Studie: 55 Prozent des Befragten sagen, dass sie ohne Internet plötzlich überraschend gut zurechtkommen. 11 Prozent des Befragten sagen, eher nicht so gut, aber wenn's denn sein muss, kann man da lebenstechnisch sicher was mitnehmen für die Zeit danach. 20 Prozent toben und schäumen, hammerharte Schnapsidee, wir wollen hier raus. Die restlichen 14 Prozent können an der Studie leider nicht teilnehmen, weil sie gerade begeistert Hartmut Rosa lesen. 56 Prozent sagen ferner, dass sie von dem frühen Aufstehen zwar müde sind und erschöpft bis auf den Grund, dass diese regelmäßige, nächtliche Einsamkeit aber sehr schön ist, »hat was Mönchisches«, meint einer. Und einer, der sich dazu aber nicht näher öffentlich äußern möchte, denkt youpornyoupornyouporn.

7. JANUAR

Der Filmemacher Andres Veiel schreibt mir einen schönen Brief: »Was Du jetzt ein halbes Jahr versuchst, mache ich am Wochen-

---

* Deutscher Philosoph (1844–1900).

ende einen Tag – den Geräteschabbat, wie ich es nenne, wenn das Rauschen des Computers verstummt. Und schon dieser eine Tag hilft loszulassen, der klammheimlichen Neugierde zu entkommen, wer mir denn jetzt wieder eine Mail geschrieben haben könnte – und der damit verbundenen Unruhe. Und doch bleibt immer ein Fünkchen schlechtes Gewissen, mich aus dem Netz auszuschalten, die anderen unruhig vor ihren Geräten scharren zu lassen, weil ohne Antwort von mir.«

Besonders gut gefällt mir dieser letzte Satz: Dass Veiel ein schlechtes Gewissen hat, sich auszuklinken, weil er denkt, die anderen würden eine sofortige Antwort erwarten. Veiel ist ein erfolgreicher Dokumentarfilmer, 50 Jahre alt, der ziemlich souverän wirkt. Und selbst ihm scheint noch am Wochenende die Angst im Nacken zu sitzen, eventuell nicht schnell genug zu antworten.

Das ging mir permanent genauso. Wenn ich nach einem Tag nicht geantwortet hatte, begann ich die Mails meist mit einem Entschuldigungssatz. Wobei sich diejenigen, denen ich nach so langer Zeit überhaupt noch antwortete, eigentlich glücklich schätzen können: Was ich nicht sofort beantworte, fällt meist hinten runter, die darüber einlaufenden Mails wirken wie eine tonnenschwere Gegenwartswalze, die alles noch so kurz Vergangene wegquetscht: Oft dachte ich bei einer Mail, okay, nachher, heute Abend. Am Nachmittag waren aber zwei Dutzend weitere Botschaften dazugekommen, die vom Vormittag war so weit nach unten verschwunden, dass ich sie schlicht und einfach aus dem Blick verloren habe.

Sollte jetzt jemand einen dieser angeblich lebensstrukturierenden Ratgeber zücken und sagen: »Hier, Seite 23, eine der wichtigsten Regeln: Mails immer nur ein- oder zweimal am Tag beantworten; am besten markieren und abends abarbeiten«, dann halte ich ihm meinen unstrukturierten Lebensklumpatsch entgegen und sage: Danke für den Tipp, weiß ich auch schon, aber erstens ist das im Berufsalltag kaum durchzuhalten, zweitens führt genau das dazu, dass ich bis spät in die Nacht Mails von zu Hause aus verschicke und dann am nächsten Morgen hoffnungslos übermüdet bin. Der Leser des Ratgebers sagt: »Hier weiß ich ebenfalls Rat, junger

Mann, Privates und Berufliches wollen stets sauber getrennt sein!« Auch für diese Vademecumplatitüde möchte ich mich herzlich bedanken, aber ich fürchte, die stammt aus fernen Zeiten, in denen Wörter wie Mittagsschlaf, Muße oder Feierabend noch Geltung hatten und Vademecum nicht der Name einer Zahnpasta sondern ein Synonym für Ratgeber war, glaube ich, aber so genau weiß ich es selber nicht.
Sonst schicken mir Kollegen in den Ferien und am Wochenende Mails an meine private Web-Adresse, weil sie wissen, dass sie mich so rund um die Uhr erreichen, und Freunde mailen mich werktags in der Arbeit an, ich glaube, beide Accounts sind ungefähr im selben Mischungsverhältnis aus Freundschaft und Arbeit befüllt. Mehrfach habe ich versucht, strikt zu trennen, hat aber nie geklappt. Wären es echte Briefkästen, ich müsste alle paar Wochen die Scharniere auswechseln, so oft, wie ich auf- und zumache.

8. JANUAR

Sehr eindrücklich wird die gestern beschriebene Verschmelzung von Arbeit und Spaß in der europäischen Google-Zentrale in Zürich sichtbar, einer Mischung aus Zukunftslabor, Wellnessressort, Eliteclub und Freizeitheim. Man rutscht auf Feuerwehrstangen oder Plastikrutschen durch die Stockwerke, es gibt Massage-, Yoga- und Meditationsangebote, Sitzungen werden in Schweizer Seilbahngondeln, Unterwasserkapseln oder loungeartigen Höhlenräumen abgehalten, einmal in der Woche kommt der Friseur, der Fitnessraum hat rund um die Uhr geöffnet, und wer sich anderweitig abreagieren will, kann unter anderem kickern, Schlagzeug oder Tischtennis spielen. Man sieht es den Leuten an, dass sie stolz sind, hier zu arbeiten, sie wirken wie Gralsritter in Turnschuhen. In allen Ecken sitzen kleine Entwicklerteams und diskutieren, und sie können sich alle anscheinend derart schwer nur von ihren Laptops trennen, dass jemand es für nötig befand, an den Feuerwehrrutschen ein Verbotsschild anzubringen: »Don't use your laptop while sliding«. Das Essen in der hervorragenden Kantine ist kostenlos, jeder kriegt am Tag seiner Anstellung ein Fahrrad geschenkt, es gibt auf jedem Stockwerk kleine Cafébars, die permanent mit Trendgetränken, Bioriegeln, Powersnacks und frischem Obst aufgefüllt werden. Google macht keinen Hehl daraus, dass all diese Angebote den Mitarbeitern nicht aus Altruismus gemacht werden, sondern um ein perfektes Arbeitsumfeld zu schaffen und alle Angestellten jeden Tag möglichst lange hierzuhaben. Natürlich herrscht sanfter Zwang, auf den Klos hängen selbst über den Pissoirs Google-Regeln. Kurzum: Der Ort hat auch was von »Schöne neue Welt«*. Andererseits: Wenn man nach einem Tag in der Züricher Google-Welt in ein durchschnittliches Büro zurückkommt, dann wirkt das so ärmlich, karg und phantasielos wie ein osteuropäisches Katasteramt vor der Wende, und man sehnt sich nach diesem verführerischen Ineinander von Freizeit und Arbeit.

9. JANUAR

Das vermeintlich Wunderbare an unserer Zeit: Man kann rund um die Uhr gegen die Panik anarbeiten, es nicht zu schaffen. Früher war man an Zeiten gebunden, die Fabrik hat irgendwann zugemacht, die anderen haben geschlafen. Heute sind alle rund um die Uhr wach, schließlich geht es immer weiter, wenn die Börsen in Asien schließen, macht Europa gerade auf, später dann die Wall Street, und unser treues Powerbook und das Smartphone rufen uns mit ihrem ruhig pulsenden Lichtpunkt ohnehin die ganze Nacht über zu, dass sie bereit sind und nur auf uns warten. Und da die Geräte nicht mehr schlafen, warum schlafen wir noch?
Es ist nie genug. Wenn ich einen Zeitungstext geschrieben habe, stellt sich nur selten ein Gefühl der Befriedigung ein. Eher ist es, als würde ich im Keller meiner Angst eine Kartoffel unten aus einem ewig steilen Haufen ziehen: Sofort kollern aus dem Dunkel zehn andere hinterher. Die meisten Mails, die ich schnell beantwor-

* Science-Fiction-Roman (erschienen 1932) des britischen Schriftstellers Aldous Huxley, in dem ein Überwachungsstaat beschrieben wird, der unter anderem Drogenzwang und Gehirnwäsche anwendet, um eine friedliche Welt zu schaffen.

te, haben wiederum neue Antwort-Mails zur Folge. Sollte ich am Jüngsten Tag gefragt werden, warum ich nicht mehr Gutes, Sinnvolles, über den Tag Hinausweisendes getan habe, ich werde dem lieben Gott meine rappelvolle Mailbox zeigen und sagen: »Ich musste antworten.« Wobei, wenn ich's mir recht überlege, ich bin am Jüngsten Tag eh nicht da, da habe ich einen wichtigen Termin.

11. JANUAR

Meine Gefängnisbekanntschaft Thomas Mohol hat mir geschrieben: Mein Besuchsformular sei eingegangen und akzeptiert, ich könne ihn also gerne besuchen, er freue sich auf mich. Ich bin beeindruckt, dass sich Terminvereinbarungen in diesen Zeiten tatsächlich noch einen knappen Monat lang hinziehen können. Dennoch verstehe ich da etwas nicht. Wann soll ich denn nun kommen? Kriegt man da keinen Termin? Ich rufe in der JVA an. Ein gemütlicher Beamter sagt, ich sei vorgemerkt für Herrn Mohol. Danke, aber für wann denn? »Das können Sie entscheiden, Herr Mohol wird ja in jedem Fall hier sein.«

12. JANUAR

Ganz so schnell wie bei dem Blogger Markus Albers geht es bei mir tatsächlich nicht mit der Umstellung auf den Toskanamodus: Auch in meinen ersten freien Tagen habe ich bislang nicht das Gefühl, dass sich mein Gehirn wirklich beruhigt hätte. Ich arbeite noch immer im Schnipselmodus, hier ein Satz, da ein schemenhaft vorbeiwischender Gedanke, nur dass ich, statt zwischen verschiedenen Programmen, Mails und Homepages zu wechseln, verschiedene Einträge meines Tagebuchs geöffnet habe, permanent im Text umherpendle und oft nicht weiß, was ich gerade noch wollte und wo ich überhaupt bin. Es kommt mir vor, als würde ich in einem riesigen Bergwerk zwischen mehreren dunklen Stollen hin- und herirren. Hat sich da das computerspezifische Patchworkarbeiten, das Stückwerkgebastel am Bildschirm so tief in mich eingesenkt, dass es eben nicht getan ist mit ein paar Monaten Fasten? Oder ist das Ganze eher Typsache, schließlich habe ich in der prädigitalen Zeit meine Texte auch schon so zusammengetüftelt: Ich habe mein Komparatistikstudium im Sommer 1990 angefangen. Die erste Seminararbeit schrieb ich noch auf der Schreibmaschine meiner Eltern, einer weißblauen Olympia. Es war qualvoll, mehrfach fing ich neue Fassungen an. Als ich nach dem vierten Durchgang merkte, dass man das ganz anders zusammenbauen müsste, schnitt ich entnervt einzelne Seiten auseinander und klebte alles neu zusammen. Als die Dozentin die Arbeit sah, sagte sie, so etwas hätte sie vor zwei Jahren noch angenommen, aber heute sei das nicht mehr state of the art, ich solle das Ganze bitte noch mal schreiben. Da habe ich mir meinen ersten Computer gekauft.

Dieses manuell zusammengeklebte Patchworkteil schlummert noch immer in meinem Uniordner, ich habe es mir vorhin angesehen. Die Dozentin hatte seinerzeit völlig recht. Zusätzlich zu dem Geklebe hatte ich durchgängig alle Fehler mit Tipp-Ex ausgebessert, dieser weißgräulichen Schliere, die nach Nagellack aus Osteuropa roch und meist klumpte. Muss ich jetzt melancholisch werden, weil uns heute ein solch haptisches und olfaktorisches Erleben des Schreibvorgangs fehlt? Geh bitte, wie die Österreicher sagen. Es stank elendig und sah scheiße aus. Kuliflecken und überquellende Zettelkästen, Farbbänder, Kladden und fehlerübersäte Manuskripte – wer dem nachtrauert, möge in seiner Freizeit Saalwärter in einem Museum für Technikgeschichte werden. Die Kulis spotzten, als seien sie inkontinent, die Farbbänder gingen aus, die Zettelkästen führten zu endlosem Papierverhau, gut, dass all das so tief in der Zeit versunken ist wie Ägyptens Pharaonen unterm Wüstensand.

13. JANUAR

All den Apokalyptikern, die allein aufgrund des Internets den ultimativen Kulturverfall heraufziehen sehen, sollte man einen Besuch in Axels Büro verschreiben. Die meisten von denen sind ja wie alle Sektierer beratungsresistent, einige aber würden danach vielleicht nicht mehr ganz so selbstgewiss von der irreversiblen, totalumgreifenden Zerstreuungsmacht des Netzes reden. Neben seinem Broterwerb, dem Contentmanagement für eine der größten Softwarefirmen der Welt, betreut er nebenbei und unentgeltlich die Münchner Filmkritikenseite artechock.de mit. Und er hat sich gerade einen schönen neuen Bücherschrank um sein kleines Sofa herumbauen lassen. Da sitzt oder fläzt er jetzt jeden Tag und liest und liest und liest.

Andererseits gilt vielleicht aber auch hier: »It's the economy, stupid.« Axel hat sich seinen Beruf so eingerichtet, dass er nur zwei, drei Stunden am Tag arbeiten muss. Diese Stunden sind meist angefüllt mit entfremdeter Erwerbsarbeit, dafür kann er aber über seine restliche Zeit frei verfügen. Davon können die meisten nur träumen. Der amerikanische Publizist Nicholas Carr ätzte kürzlich, klar würde er gerne offline gehen, das Netz zerschreddere schließlich sein Denken und seinen Alltag, als freier Autor könne er es sich aber aus ökonomischen Gründen schlichtweg nicht leisten, seinen Internetkonsum zu reduzieren, er müsse permanent abrufbereit sein. Wenn ich so etwas höre, denke ich jedes Mal: Mein halbes Jahr ist auch ein Luxusprojekt. Ich bin festangestellt. Als freier Journalist, der angewiesen ist auf Aufträge, wäre wahrscheinlich schon eine Woche offline fatal, ach der Rühle, antwortet ja nie, fragen wir wen anders.

14. JANUAR

Auf dem Infoscreen, der in den Aufzügen der SZ das Angebot von sueddeutsche.de zeigt, wird ein Gespräch mit einem weithin angesagten Interneteuphoriker beworben: »Das Netz wird zum Superhirn«, steht da oder so ähnlich. In dem engen Lift unterhalten sich zwei Männer: »Du solltest das ganze Thema ihnen rüberpitchen, dann haben die den Ball im Feld und müssen reagieren.« »Ja, ist klar, hast völlig recht«, sagt der andere begeistert. Die unfreiwilligen Ohrenzeugen starren stumm auf den Infoscreen. Der eine der beiden Männer sagt in die versammelte Stille: »Ganz klar, du pitchst das an alle, dadurch wird das erstens TOP und zweitens sind die dran, und dann forwardest du das Ganze noch an mich.« Gäbe es einen gerechten Gott, die Erde würde sich nach einem solchen Dialog auftun und die beiden verschlingen. Nichts dergleichen geschieht, Erde bleibt zu, Aufzug geht auf, die beiden Egobooster schreiten aus in einen weiteren hochpotenten Tag, und ich denke, lieber Gott, wenn das Netz tatsächlich gerade zu einem Superhirn zusammenwuchert, dann sorg bitte wenigstens dafür, dass es kein Erwachsenensuperhirn ist.

In der Schule habe ich gelernt, dass man eine Billion Neuronen im Gehirn hat, von denen man aber nur wenige benutzt. Einige braucht man fürs Atmen, Laufen und Verdauen. Aber die meisten könnten eigentlich für prickelnde Unterhaltung sorgen. Warum ist das so selten der Fall? Gewöhnen sich die Neuronen im Laufe des Lebens eine Beamtenmentalität an, sitzen rum wie in riesigen Bürogängen, machen Dienst nach Vorschrift und heften gelangweilt neuronale Vorgänge ab? Oder ist Erziehung ein Synonym für ein jahrelanges stilles Massaker unter all den verqueren Neuronenverbindungen, so dass am Ende nur ein paar öde, pfeilgerade Autobahnen übrig bleiben?

Als ich meinen Sohn, die Geschichte ist vier oder fünf Jahre her, eines Nachmittags aus der Kinderkrippe abholte, lief auf dem Bürgersteig vor uns eine uralte Nonne. Er sagte: »Schau mal, da läuft der liebe Gott. Der ist mit dem Fallschirm aus dem Himmel gesprungen und geht jetzt hier ein bisschen spazieren.« Ich sage nicht, dass mein Sohn großartig ist. Dreijährige sind alle so. Aus denen purzeln den ganzen Tag über die krudesten Sachen raus. Ich frage mich nur, warum ich so etwas nicht denke.

Was passiert neurologisch in den Jahren, die zwischen dem dritten und dem 40. Lebensjahr liegen? Warum wird aus dem wild wuchernden, bunten Denken irgendwann das dürre, graue Rechthaben? Warum ist Phantasie etwas, was sich die meisten Leute irgendwann nicht mal mehr vorstellen können? Die Erwachsenen leiden ja meist auch darunter, dass sie selbst nur noch daherre-

den wie ein Leitzordner voller alter Rechnungen. Wir haben Sehnsucht, aber wissen gar nicht richtig, wonach.
Als ich N. am nächsten Tag abholte, sagte ich: »Ob wir heute wieder den lieben Gott treffen?« Er schaute mich mitleidig an und sagte: »Aber Papa, es ist doch noch hell. Der arbeitet noch am Computer.«

15. JANUAR

Wenn man einen Gefangenen in einem bayerischen Gefängnis besucht, muss man vorher ausnahmslos alles, was man dabeihat, in einen Stahlschrank einsperren. »Auch Stift und Papier?« »Alles!«, sagt die strenge Frau hinterm schusssicheren Glasfenster durchs Mikrofon. Ich denke, du mich auch, lass mein Notizheft und den Stift in der Hosentasche, sperre Jacke und Tasche ein und warte, dass die Sicherheitsbeamtin mir von ihrer Pforte aus per Knopfdruck die Tür in den Warteraum öffnet. In diesem Raum, der mit seinen zwei ferngesteuerten Türen als Schleuse funktioniert, warten außer mir zwei Frauen, die eine mit recht dunklem Migrationshintergrund, die andere eine resolute Oberbayerin. Die beiden tauschen sich kurz über die Gefangenen aus, die sie jeweils besuchen.
»Isse Bruder.«
»Bei mir is' der Sohn.«
»Isse scheise.«
»Des kannst laut sagen. Riesenscheiße.«
»Ganze Lebe scheise.«
In einem Regal werden Töpferwaren der Gefangenen angeboten. Ein Frosch, eine Eule, man kann die Sachen kaufen.
»Schreibe nich gut.«
Es gibt auch Holzzeug, ein Buchstabenpuzzle, Schlüsselanhänger, ich notiere mir die Preise.
»Schreibe nich gut.«
Die Frau hat mit mir geredet. Die Bayerin springt ihr bei: »Des Heftl dad I fei einsperren. San streng hier.«

Ich schau durch die Glastür zur Pforte rüber, die Vollzugsbeamtin scheint mich tatsächlich streng zu mustern. Ich gehe wieder raus, sperre gehorsam Stift und Heft ein und werde mir nachher von den müde dreinschauenden Sicherheitsbeamten im Besucherraum alle zehn Minuten ein paar Zettel erbetteln, die sie von einem winzigen Bestellblock der Firma Goldmännchen-Tee abreißen.
Thomas Mohol ist ein freundlicher 33-jähriger Mann, der eine melancholische Coolness ausstrahlt, während er in den Gefängnishof rausschaut und sagt, es sei schon richtig, dass er im Gefängnis sei, Steuerhinterziehung und Betrug seien nun mal nicht das Kavaliersdelikt, das viele darin sehen. Mohol hat ein hageres Gesicht und ist, soweit man das durch ein ausgewaschenes Sweatshirt ausmachen kann, ziemlich durchtrainiert. Als er meinen Blick wahrnimmt, entschuldigt er sich für seine Anstaltsarbeitskleidung, der zernüffelte Pulli, die schweren Schuhe, der Blaumann, und ich schäme mich im Moment seiner Entschuldigung, mich nicht per Brief angekündigt, sondern ihn quasi überfallen zu haben.
Unser ganzes Gespräch hat etwas seltsam Getriebenes. Wir sitzen zwar an einem der klobig schweren Furniertische, aber es fühlt sich an, als stünden wir gemeinsam auf unerbittlichem Treibsand, schließlich hat Mohol nur zwei Stunden Besuchszeit im Monat, eine Stunde davon schenkt er mir gerade, um Punkt elf werden die Vollzugsbeamten mich, die Bayerin und die Frau, die ganze Lebe scheise findet, wieder rausschmeißen. Einiges, was ich hier berichte, hat Mohol gar nicht an diesem Vormittag gesagt, sondern ein paar Wochen später, in einem Münchner Café, als er Freigang hatte. Er trug da chice Kleidung, schwarze Krawatte, dazu eine Schiebermütze, und die Mitesser am Tisch bekamen riesige Ohren, starrten stumm auf ihre Samstagnachmittagskuchen und versuchten das Kauen einzustellen, um ihm besser zuhören zu können. Ist ja auch interessant, wann bekommt man schon mal Häftlingsalltag geschildert: »In den sogenannten Zugangszellen sitzt man erst mal mit fünf bis sieben anderen Häftlingen. Einer war ein BTMG'ler.« Ein was? »Einer, der gegen das Betäubungsmittelgesetz verstoßen

hat. Das war hart, den auf Entzug zu erleben. Man möchte, dass das aufhört, das Zittern, das Schreien, aber kann nichts machen.« Mohols eigener Entzug setzte zeitverzögert ein. Es begann mit rasender Nervosität, besonders morgens und abends. Er dachte zunächst, diese zermürbende Rastlosigkeit sei eine Reaktion auf das Gefängnis. »Bis ich eines Morgens merkte: Es ist nicht die Haft, es ist der Blackberry-Entzug. Früher begann mein Tag damit, dass ich, noch im Bett, vorm Kaffee, vor der ersten Zigarette, schlaftrunken Mails checkte und auf Facebook schaute, ob noch jemand geschrieben hat in der Nacht. Und abends vorm Schlafengehen war das auch das Allerletzte, was ich gemacht habe. Facebook war mein Leben, ich hab meine Freunde kaum noch getroffen, brauchte das aber auch nicht, weil ich digital extrem eng mit ihnen vernetzt war. Nachdem mir aufgefallen war, was mir jetzt plötzlich fehlte, wurde ich noch unruhiger, es hat permanent genagt.« Ich frage ihn, ob er heute immer noch sagen würde, dass der Blackberry-Entzug für ihn schlimmer sei als der Freiheitsentzug, wie er mir damals schrieb. »Natürlich. Draußen, in Freiheit, habe ich die meiste Zeit alleine in einem Raum gesessen und mit anderen kommuniziert. Hier sitze ich auch alleine in einem Raum. Physisch ist da also kaum ein Unterschied. Aber ich kann nicht mehr kommunizieren. Hätte ich hier drinnen Handy und Netz, es wäre für mich kaum mehr Strafvollzug.«

Nun muss man sagen, dass Mohol Glück im Unglück hat. 70 Prozent der Häftlinge haben im Gefängnis keine Arbeit, »gerade erst wurden wieder 278 entlassen, weil die Firma Rosenberger ihre Produktion nach Ungarn verlegt hat«. Mohol wurde sofort nach seiner Inhaftierung Vorarbeiter in der Papierverarbeitung und verschickt jetzt die Werbung, die er früher selber produziert hat: Draußen hat er sein Geld als Werbetexter verdient, gleichzeitig im elterlichen Handwerksbetrieb mitgeholfen, als Journalist gearbeitet, und er hatte gerade ein historisches Sachbuch veröffentlicht, als er verhaftet wurde. Das war im April 2009. Jetzt bekommt er 1,59 Euro Stundenlohn und kann, wenn einmal im Monat eine Edeka-Betreiberin aus Miesbach vorbeikommt und in einem Sou-

terrain Reste aus ihrem Laden anbietet, ein paar Dinge kaufen, um das magere Anstaltsessen anzureichern. »Wir kriegen ja nur zwölfhundert Kalorien täglich. Ich war eher pummelig, aber hab hier drinnen zwanzig Kilo verloren.«
»Ach so, Sie sehen so durchtrainiert aus, dass ich dachte, Sie seien Sportler.«
»Das ist eine Nebenwirkung vom Singen.«
Mohol ist Solist im Kirchenchor des Gefängnisses. Einer seiner Mitsänger traf mit solch inbrünstiger Konsequenz keinen einzigen Ton, dass Mohol ihn unter seine Fittiche nahm und seither jeden Tag in seiner Zelle mit ihm Tonleitern und die jeweils aktuellen Stücke übt. »Mittlerweile trifft er neun von zehn Tönen. Der Mann ist Sinti, und in deren Kultur gehört es dazu, dass man für ein Geschenk etwas zurückgibt. Und da der nun mal Bodybuilder ist, krieg ich jetzt mein Individualtraining, obwohl ich vor Bernau noch nie eine Muckibude von innen gesehen hatte.«
Vor Bernau. Der Ausdruck taucht oft in seinem Reden auf. Die Haft fing für ihn in dem Moment an, in dem er seinen Blackberry abgeben musste. Als seine Eltern ihn ins Gefängnis brachten, verschickte er noch bis zur Pforte Mails. »Ich war ja mit Freunden über Facebook verbunden. Tag und Nacht. Und dann haben die mir das weggenommen. Man gibt hier alles ab, wirklich alles, und zieht dann diese ekelhaften Anstaltsfeinrippunterhosen an. Das ist ein Schock. Aber da kommt man drüber weg.« Über den Handyverlust nicht. Mohol begann in seiner Nervosität, an seine Familie und an Freunde Briefe zu schreiben. Und wartete. Mails werden normalerweise spätestens nach 24 Stunden beantwortet, eine SMS nach einer Stunde. »Ich aber saß hier rum. Einen Tag. Zwei Tage. Ab dem dritten war's die Hölle.« Mohol hatte Phantomschmerzen. Wenn er auf der Pritsche lag, vibrierte es in seiner leeren Hosentasche. Oder er interpretierte das Geräusch der sich schließenden Zellentür als Handysummen. »Und wenn bei einem der Beamten das Handy klingelt – das ist für mich bis heute so, wie wenn du einem Alkoholiker auf Entzug sagst, da hinten steht der Bierautomat.«

Die Familie antwortete sofort, seine Freunde aber taten sich extrem schwer mit der Umstellung. »Ich werfe ihnen das nicht vor, für mich waren Briefe auch eher etwas aus Jane-Austen*-Romanen. Außerdem braucht man für einen Brief immer ein großes Thema. Ich habe meinen Freunden geraten, so zu tun, als würden sie mir eine Mail schreiben. Das machen jetzt einige: Öffnen ein Mail-Fenster, schreiben etwas, drucken das aus und schicken es los. Aber man kann schon am phantasievollen Porto, das einige draufkleben, sehen, wie selten die Briefe schreiben. Mein Bruder fragte mich irgendwann, warum es keine 1,10-Euro-Marken gebe, wo das doch der Standardpreis sei, und er immer umständlich zwei Marken zu 55 Cent kaufen müsse. Der hatte seinen letzten Brief zu D-Mark-Zeiten geschrieben …«
Zack ist die Stunde um, bitte verlassen Sie den Raum, ein Händedruck, dann geht Mohol zurück, Werbung falten, BMW, Mercedes. Vieles von dem, was wir alle täglich aus unseren Briefkästen fischen, kommt aus Bernau. Auf meine letzte Frage, was er tun wolle nach seiner Entlassung, sagte er, er wolle auf jeden Fall einen Chor suchen. »Vor einem Jahr hätte ich jemandem, der mir solch einen Vorschlag gemacht hätte, den Vogel gezeigt. Aber diese selbstgemachte Musik, dass man mit anderen zusammen Töne erzeugt und dann schwebt das plötzlich im Raum, die tut enorm gut.«
Auf der Zugfahrt zurück nach München sitzen direkt vor mir zwei kleine Jungs mit ihrer Mutter im Abteil. Die beiden schauen, als der Zug anfährt, zum Fenster raus und zählen die Betonschwellen der Gegengeleise. Sie schaffen es natürlich nur die ersten hundert, zweihundert Meter, dann wird der Zug so schnell, das die Schwellen vor den Augen verschwimmen, so dass die beiden in Phantasieschritten zählen: »Fünfunddreißig, sechsunddreißig vierzigeinfünfzigneunzihundertzweihunnertdreihunnetausend«. Der Rest ist Gelächter, und ich muss, als ich ihnen zusehe, wie ihre Augen flackernd den Boden abtasten, an all diese Tiraden denken, die im

* Britische Schriftstellerin (1775–1817), die gesellschaftskritische Romane schrieb. Ihre Heldinnen sind meist empfindsame Frauen.

19. Jahrhundert über die angeblich desaströsen Auswirkungen des Eisenbahnfahrens erschienen, Texte, die man unverändert in Pamphleten gegen das Netz abdrucken könnte.

Sie stammen von Reisenden, die immer mit der Pferdekutsche gereist und es deshalb gewohnt waren, dass der Raum, den man durchquert, in gemächlicher Abfolge wahrgenommen wird. Weshalb einige anfangs nicht damit klarkommen, dass man durch die neue Geschwindigkeit vom Raum getrennt wird und dass man die Welt vom Zug aus anders, flächiger, distanzierter anschauen muss.

Dem Reisenden, der es gewohnt ist, von der Postkutsche aus seinen Blick auf nahe Dinge zu fokussieren, muss bei der neuen Geschwindigkeit fast zwangsläufig schwindlig werden. Victor Hugo* schreibt 1837 von einer Zugreise, als sei er auf dem Oktoberfest mit der Fünferlooping-Achterbahn gefahren: »Die Blumen am Feldrain sind keine Blumen mehr, sondern Farbflecken oder vielmehr rote und weiße Streifen; die Getreidefelder werden zu langen gelben Strähnen; die Kleefelder erscheinen wie lange grüne Zöpfe.« Weil er versucht, Einzelheiten festzuhalten, wird die Fahrt zum stroboskophaften Terror. Wohlgemerkt: Die Züge zuckelten damals mit ungefähr 30 Stundenkilometern durch die Lande. Die medizinische Zeitschrift »Lancet« meint im Jahr 1862 dramatische gesundheitliche Folgen durch das Bahnfahren belegen zu können: »Die Geschwindigkeit und Verschiedenartigkeit der Eindrücke ermüden notwendigerweise sowohl das Auge wie das Gehirn. Die andauernd sich verändernde Entfernung der Gegenstände erfordert eine unablässige Anpassungsarbeit des Apparates, durch den sie scharf auf die Retina eingestellt werden; und die geistige Anstrengung des Gehirns, sie aufzunehmen, ist kaum weniger ermüdend dadurch, dass sie unbewusst geleistet wird; denn keine Tatsache im Bereich der Physiologie ist unumstrittener als die, dass eine übermäßig funktionelle Aktivität stets materiellen Zerfall und organische Veränderung der Substanz im Gefolge hat.« Materiel-

* Französischer Schriftsteller (1802–1895). Einer seiner Romane ist die Vorlage für das Musical »Les Misérables«, ein anderer ist »Der Glöckner von Notre Dame«.

ler Zerfall. Organische Veränderung. Weil man aus dem Fenster schaut. Das klingt wirklich eins zu eins nach Hirnaufweichungspamphleten unserer Tage.

All diejenigen, die das vorindustrielle Postkutschengetrödel gewöhnt sind, erleben Zugfahrten zunächst als Attacke auf alle Sinne, was dann meist umschlägt in Ödnis und Abgeschlagenheit. »Ich langweile mich derart in der Eisenbahn«, schreibt Gustave Flaubert*, »dass ich nach fünf Minuten vor Stumpfsinn zu heulen beginne. Die Mitreisenden denken, es handle sich um einen verlorenen Hund; durchaus nicht, es handelt sich um Herrn Flaubert, der da stöhnt.« Und als ich die folgenden Zeilen von Gustave Claudin** las, musste ich an meine eigene Internetmüdigkeit nach durchsurften Bürotagen denken: »Manche Leute werden aufgrund ihrer Geschäftsangelegenheiten dazu veranlasst, innerhalb eines einzigen Tages ihren Augen ein Panorama von mehreren hundert Meilen zuzumuten. Sie erreichen ihr Reiseziel, befallen von einer bislang unbekannten Müdigkeit. Fordern Sie diese Opfer der Geschwindigkeit dazu auf, von den Orten zu erzählen, die sie passiert haben, oder die Aussichten zu beschreiben, deren flüchtige Bilder in rascher Folge am Spiegel ihres Bewusstseins vorübergezogen sind. Sie werden unfähig sein, Ihnen eine Antwort zu geben. Ihr fiebriger Geist wird den Schlaf zur Hilfe rufen, um seiner Überreizung ein Ende zu bereiten.«

Andere Reisende, und das macht es so interessant, hatten umgekehrt den Eindruck, dass die Zugfahrt nicht die Wahrnehmung der Landschaft zerstört, sondern überhaupt erst ermöglicht. Voraussetzung dafür ist freilich, wie der Historiker Wolfgang Schivelbusch schreibt, aus dessen »Geschichte der Eisenbahnreise« all die eben angeführten Zitate stammen, dass die Wahrnehmung des Reisenden »sich nicht gegen die Effekte der neuen Reisetechnik sträubt, sondern diese ganz in sich aufnimmt«. Wer gar nicht erst versucht, Details des vorbeiwischenden Vordergrundes zu fixieren, sondern stattdessen die Landschaft an sich vorbeiziehen lässt wie

---

* Französischer Schriftsteller (1821–1880).
** Französischer Journalist (1823–1896).

ein Panorama, der kann das Reisen genießen. So schwärmt der Pariser Journalist Jules Clarétie, eine Eisenbahnfahrt führe dem Reisenden »in wenigen Stunden ganz Frankreich vor, vor Ihren Augen entrollt sie das gesamte Panorama, eine schnelle Aufeinanderfolge lieblicher Bilder und immer neuer Überraschungen«. Ja, er sagt, die Bahn zeige erst »das Wesentliche einer Landschaft, wahrlich ein Künstler im Stil der alten Meister. Verlangen Sie keine Details von ihr, sondern das Ganze, in dem das Leben ist.«
Es kann zwischen den begeisterten Passagieren und den traditionellen Reisenden keine richtige Verständigung geben, so unterschiedlich ist ihr Blick: Den einen ist es aufgrund der Mobilität nicht mehr möglich, die Welt in Ruhe wahrzunehmen. Für die anderen, so Schivelbusch, ist genau diese Mobilität »die Grundlage der neuen Normalität. Eine Erfahrung von Verflüchtigung gibt es für diesen Blick nicht mehr, weil die verflüchtigte Wirklichkeit seine neue normale Wirklichkeit geworden ist oder, anders gesagt, weil der Raum, in dem die Verflüchtigung sich am deutlichsten zeigte, der Vordergrund, für den panoramatischen Blick kein Existenz mehr hat.« Sind wir, die wir über das Vielzuviel des Netzes klagen, die Ablenkung, das Geflacker und Geprassel, also nur die Flauberts und Hugos unserer Zeit, olle Walrösser, heulende Hunde, die den Blick nicht umstellen können?

16. JANUAR

Ich habe B. meine bisherigen Aufzeichnungen gezeigt. »Huiuiui«, sagt sie verwundert nach der Lektüre, »ich hatte keine Ahnung, dass du dermaßen ein Rad abhast.« Wenn man mein Surfverhalten tatsächlich als Sucht beschreiben will, dann habe ich in meiner Alltagspraxis – dem verstohlenen Mail-Checken am Schuhschrank, frühmorgens, dem noch mal kurz Ins-Netz-Gehen, wenn alles schläft – einem Pegeltrinker geglichen, der heimlich permanent vor sich hinsüffelt, dabei aber weiterhin funktioniert und seine Fahne mit Pfefferminzbonbons überdeckt.

18. JANUAR

Im Kollektivgedächtnis unserer Kinder, in ihren Träumen und verdrängten Erinnerungen werden wir wahrscheinlich gespeichert als apathische Fahlgesichter, avatarblau. Sollte eines meiner Kinder in späteren Dekaden mal eine Analyse machen und dann verstört zu mir kommen, Papa, ich träum plötzlich dauernd von dir, aber du hast immer so kalte graue Gesichtshaut, dann werde ich ihm mit betretener Miene erklären: »Weißt du, als du klein warst, war das Netz noch nicht allumfassend, sondern man musste noch in sogenannte Bildschirme schauen. Wenn ich damals mit dir geredet habe, habe ich meistens gleichzeitig in diesen Schirm gestarrt.« Ich weiß nicht, wie oft ich mit meinen Kindern geredet und währenddessen E-Mails auf meinem Blackberry gecheckt, am Rechner Spiegel Online durchgescrollt oder »nur kurz« eine SMS verschickt habe. War das früher auch so?

Ich bin mit den Kindern im Schwimmbad. Wir treiben zu dritt durchs Wasser, ich bin ein leck geschlagenes Boot, das von den Kindern repariert wird. Irgendwann sagen sie: »Jetzt geht's wieder«, steigen als Passagiere auf meinen Rücken und lassen sich von mir ins Becken raustragen. Dann gehe ich wieder unter, sie werden zu Monteuren, ziehen mich mit morschen Planken und Loch im Kiel in den Nichtschwimmerbereich und vertäuen mich an der Alutreppe, um mich erneut zu reparieren. »Keine Angst, Papa«, sagt S., »wir machen dich einfach immer wieder heil.« Während ich mich über dieses unbeabsichtigt große Versprechen freue, kommt eine Frau mit zwei Kindern ins Schwimmbad. Die beiden springen mit einem Ball ins Wasser, die Mutter setzt sich im Badeanzug auf die Bank, holt ihr iPhone raus und fängt an zu mailen oder simsen. Ihre Kinder rufen, weil sie ihr zeigen wollen, wie sie einander den Ball zuwerfen, sie streift manchmal für Sekunden mit dem Blick vom Display hoch, sagt Wörter wie »schön« oder »super«, ohne wirklich hinzusehen, und schreibt dann weiter. Es muss toll zugehen in ihrer Mailbox, sie lacht immer wieder über Botschaften, die ihr geschickt werden, und schreibt dann selbst mit leuchtendem

Lächeln zurück. Irgendwann kommt ihre Tochter aus dem Wasser, schmeißt wutentbrannt den Ball auf den Boden und schreit: »Mann, du kuckst nie. Nie. Nie. Nie.« Die Mutter schaut auf und sagt: »Was denn, mein Liebling? Ich hab doch geschaut. Ich hab genau gesehen, wie du den Ball gefangen hast.«
Böse Frau, schlechtes Netz, düstere Zeiten, denke ich. Als wir dann aber Pause machen und hinten am Kiosk Pommes holen, lese ich den Kindern aus »Meine Mutter ist in Amerika« vor, einer Graphic Novel von Emile Bravo über die Lebenseinsamkeit eines kleinen Jungen in den Siebzigerjahren. Das lieblos kalte Desinteresse des Vaters wird dadurch gezeigt, dass er das ganze Buch über hinter seiner Zeitung verschwindet. »Wie du«, sagt S. lachend, »wie du beim Frühstück.« Frechheit.

23. JANUAR

Ich bin jetzt regelmäßig in Bibliotheken unterwegs. In der Staatsbibliothek steht noch ein Mikroﬁchegerät. Mikroﬁche! Unglaublich. Das sind diese mit fitzelkleiner Schrift bedeckten Folien, von deren Gebrauch man migränöse Sehschlieren bekam. Ich setze mich davor, lege eine der roten Folien ein und es beginnt eine wilde Achterbahnfahrt durch Kleinstgedrucktes, ich verrutsche permanent in den Spalten, stimme wieder einen Lobgesang auf das Internet als beste Wissensorganisationsmaschine der Menschheitsgeschichte an und fahre danach weiter zum Deutschen Museum.
Dessen Bibliothek ist spezialisiert auf Technik und Technikgeschichte und wirkt als Ort wie ein Soziotop der Entschleunigung: Ein langgezogener Lesesaal, in den die blasse, ferne Wintersonne scheint; Linoleumtische; knarzende Holzstühle.
Im Ausgabebereich waltet eine Frau ihres Amtes, die in ihrem Tun von einer stoischen Ruhe beseelt zu sein scheint: Ja, man muss für jedes einzelne Buch einen Ausleihschein ausfüllen, auf dem auch jeweils die gesamte Adresse einzutragen ist. Nein, man kann hier nicht einfach selber kopieren. Doch, sie kann das sehr wohl,

aber dazu sind genau die jeweiligen Seitenzahlen aufzulisten. Bitte deutlicher schreiben und wie gesagt, mit »Zweites Kapitel« kann sie nichts anfangen. Kommen Sie in einer halben Stunde wieder, dann kriegen Sie Ihre Bücher. Während ich mir die Wartezeit vertreibe, indem ich an den endlosen Regalen entlangtreidle, – halt, hallo Sie, kommen Sie noch mal zurück, bitte auf dem dritten Zettel auch noch Ihre Postleitzahl eintragen –, frage ich mich, wie die Leute wohl reagiert hätten, wenn erst das Netz dagewesen wäre und jetzt, als technische Neuerung, der gedruckte Text dazukäme. Wahrscheinlich würde man ganz ähnliche Euphorien und Ängste auf die Bücher projizieren wie jetzt auf das Internet …

… Früher, in der rein digitalen Zeit, war alles gut. Die Welt war sorgsam sortiert in einem unendlich filigran aufgefächerten Netzwerk, in dem man auf alles geordneten Zugriff hatte: Suchte man nach Henry David Thoreau*, bekam man dessen wichtigste Werke, die Kritik an ihm und die geistesgeschichtliche Einordnung aufgelistet. Man konnte blitzschnell durch alle Texte scrollen und blieb trotzdem Herr seiner selbst, denn die Texte absorbierten einen nicht, man nahm Stichproben und wusste danach Bescheid. Google, die Gigantische Organisations-Ordonanz für Glück, Leben und Effizienz entschied, was richtig und wichtig für einen war, und spielte einem täglich einige Texte auf den Rechner, die exquisit zum eigenen Persönlichkeitsprofil passten.

Dann aber kamen plötzlich diese jungen Revoluzzer, die all die Sachen ausdruckten, zu sogenannten Büchern zusammenhefteten und sich tagelang darin vergruben. Es begann in einer Garage in Kalifornien, einem völlig verarmten Bundesstaat im Westen der USA. Der Sohn eines Informatikers schnitt eines Nachts Computerverpackungen auseinander, baute sich den Prototypen eines Geräts, das später Drucker heißen sollte, und lud den Text, den er gerade auf dem Bildschirm hatte, auf die groben braunen Pappbögen runter. Seine Freunde waren begeistert und wollten auch solche Ausdrucke haben, wie er die beschrifteten Pappen nann-

* US-amerikanischer Schriftsteller und Philosoph (1817–1862).

te. Sie begannen schnell damit, diese Pappbögen miteinander auszutauschen. Irgendwann band einer von ihnen die losen dicken Bögen zu einem unförmigen Konvolut zusammen. Ein Austauschstudent aus den kanadischen Wäldern hatte einen Vater, der vor Jahren schon aus den Kartons sogenanntes Papier hergestellt hatte, für seine Erfindung aber verlacht wurde: Was sollte man mit derart dünner Pappe, fragten alle, da kann man doch kaum was drin verpacken? Die Studenten aber konnten plötzlich dank des Papiers sehr viel mehr Informationen in ein einzelnes Konvolut packen und nannten das Ding Buch.

Einer von ihnen stapelte zu Hause Bretter an die Wand und vernetzte die Bücher, indem er sie nebeneinander und übereinander stellte. Er und seine Freunde trafen sich zu tagelangen Bücherpartys. Der Junge versuchte, seine Erfindung an Google zu verkaufen, aber Google lachte nur, wer braucht denn so was. Später sollten die Betreiber des Suchmaschinenmonopolisten sehen, dass das der größte Fehler in der Firmengeschichte war: Es entstanden Verlagshäuser, die all die Texte kurzerhand auf immer besseres Papier druckten. Google überzog die Verlage natürlich mit Klagen, klauten diese Verleger ihnen doch kaltschnäuzig all die Texte, an denen sie die Monopolrechte hatten.

Die Jugendlichen kamen ihren Eltern abhanden. Sie antworteten nicht mehr auf SMS, zogen sich zu tagelangen Lesemarathons zurück und unterhielten sich untereinander in diesem unverständlichen Fachchinesisch: Buch, Schrank, Regal, Einband, Kapitel. Die Eltern schickten Pädagogen und Fernsehteams in die schummrigen Häuser voller Bücher, sogenannte Bibliotheken. Die schlugen die Hände über dem Kopf zusammen. Wie ungeordnet darin alles war! Wie das Weltwissen auf einen einstürzte! Hunderte von Regalmetern, angefüllt mit engbedrucktem Zeug. Und keinerlei maschineller Algorithmus, der die Bücher sortierte.

Diese aufklappbaren Papiersammlungen absorbierten alle Aufmerksamkeit der Kinder, solange sie davor saßen, waren sie nicht mehr ansprechbar. Außerdem konnte man sich an den Seiten schneiden, ältere Bücher verursachten Stauballergien, schwere Werke konnten einem gar auf den Fuß fallen. Die Jugendlichen wirkten übernächtigt und sklerotisch, Orthopäden schlugen Alarm wegen Haltungsschäden. Man überlegte deshalb, das Ganze zu verbieten, schließlich zogen einen diese Bücher unerbittlich in ihren Sog. Die Jugendlichen sagten: Ihr versteht das nicht, Bücher sind fantastisch, man kann in sie hineingehen wie durch ein Fenster und dann tagelang einem einbeinigen Käpt'n dabei zusehen, wie er einen weißen Wal jagt. Das war natürlich Wasser auf die Mühlen der Kritiker. Da werden Wale getötet! Unschuldige, vom Aussterben bedrohte Wale! Das Buch wurde sofort indiziert wegen Grausamkeit, Sadismus und Gefährdung der Jugend. Die Jugendlichen gründeten daraufhin die Käpt'n-Ahab-Partei. Als Kompromiss wurde das sogenannte Hörbuch eingeführt, damit die Kinder wenigstens noch eine Tätigkeit nebenher machen konnten, sei es Autofahren oder Chatten. Und man beschloss strenge Öffnungszeiten für die Bibliotheken, damit den Kindern auch noch Zeit für das Netz blieb, das sie mittlerweile völlig vernachlässigten. In ärmeren Stadtteilen übernahmen ältere Damen Surfpatenschaften, um die Kinder wenigstens einmal in der Woche …

… Da lagen meine Bücher endlich zur Abholung bereit.

24. JANUAR

Morgen habe ich Geburtstag. Eigentlich wollte ich wie im vergangenen Jahr abends das kleine Maxim-Kino mieten und zwei schöne Filme zeigen. Ich habe es dann aber gelassen, weil ich keine Rund-Mail schreiben konnte, sondern alle Freunde einzeln anrufen oder ihnen Postkarten hätte schicken müssen. Schade. Jetzt schau ich zum Fenster raus und tu mir selber leid, eine Tätigkeit, in der ich es in den vergangenen 40 Jahren zu einmaliger Meisterschaft gebracht habe.

Axel erzählt, was er gerade wieder Interessantes auf vimeo.com gesehen oder auf taz-online gelesen habe; unser Archivar Holthaus, der nichts von meinem Experiment weiß, sagt, ich müsse mir unbedingt die Website von diesem brillanten amerikanischen Professor ansehen; in der SZ lese ich eine kurze Zusammenfassung der Debatte, die anscheinend auf edge.org um »mein« Thema tobt, Ablenkung, Zerstreuung, Pulverisierung des Denkens. Wissenschaftler, Blogger, Professoren und Schriftsteller diskutieren darüber, inwieweit das Internet ihr Denken ändert; B. sagt, sie schaue schnell mal im Netz, wann die Züge gehen, und verschwindet dann für eine halbe Stunde in ihrer Mailbox. Als sie wiederkommt, sagt sie entschuldigend, ihre Freundin Anna habe ihr so etwas Schönes geschrieben.

In solchen Momenten komme ich mir vor wie in einer Art verdrehtem Höhlengleichnis. Plato vergleicht den Menschen, der die Ideen nur vom Hörensagen kennt, mit einem Mann, der gefesselt auf einem Stuhl sitzt. Hinter ihm brennt ein Feuer, dessen schwacher Schein auf die gegenüberliegende Wand strahlt. Nun werden hinter dem Rücken des Mannes Dinge vorbeigetragen, die zitternde Schatten auf die Wand werfen. Eines Tages aber wird er sich befreien und ans gleißend helle Tageslicht treten, wo er im Sonnenlicht die Dinge selbst sieht, die Ideen.

Der analoge Alltag ist für mich in solchen Momenten wie die kleine, dunkle Höhle, in der für Plato der Mensch sitzt, bevor er durch das Denken und die Begriffe ans taghelle Licht der Vernunft und Freiheit gelangt. Ich bin auf meinem analogen Stuhl festgebunden, draußen in der Welt, im Januarspüllicht. Drinnen im Netz hingegen brennt das ewige Licht der Wahrheit, dort werden die neuen Ideen verhandelt. Hier draußen bekomme ich nur schattenartig, verzerrt, abglanzartig entstellt mit, was alles aus dem leuchtenden Netz strahlt.

»Mensch Alex«, ruft Axel aus seinem Büro, »auf Becks Homepage kann man sehen, wie der mit anderen Musikern zusammen irgendwelche Lieblingsalben einspielt, das macht solchen Spaß.« Ich schaue ins blinde Schneetreiben raus, das die Welt zudeckt, alle Umrisse löscht, und zähle die Tage bis Ende Mai, wenn ich mich selbst befreien und zur Quelle des Lichts zurückkehren werde. Und ich frage mich, ob es hier draußen noch andere analoge Restgestalten wie mich gibt. Ich kann mit ihnen nicht in Kontakt treten, wir haben ja keine Mail-Adressen, keine Homepages und keine Profile, um aufeinander aufmerksam zu werden.

26. JANUAR

Ich rufe in der Justizvollzugsanstalt Stadelheim, dem großen Münchner Gefängnis, an, um die Seelsorger zu fragen, ob sie ähnliche Klagen, wie Thomas Mohol sie mir gegenüber in Bernau vorbrachte, auch in ihren Gesprächen mit den Häftlingen zu hören bekommen. Eine Frau mit starkem Akzent hebt ab, sie rollt die Konsonanten so schwer, als hinge an jedem einzelnen R ein Klumpen lehmigfeuchter Erde. Nein, sagt sie, die osteuropäischen Häftlinge, mit denen sie ausschließlich zu tun habe, hätten andere Suchtprobleme, »Handys und Computer klauen die höchstens, um sie weiterzuverkaufen«. Sie fügt aber hinzu, ich solle unbedingt morgen wieder anrufen, da sei ihr Chef da, der kümmere sich um die deutschen Häftlinge, »und das ist auf jeden Fall ein Thema, auf jeden Fall, hören Sie?«.

»Warum betonen Sie das so?«

»Weil die meisten Menschen nicht glauben, dass das eine ernstzunehmende Sucht ist. Mein Mann … den haben seine Freunde im Urlaub um drei Uhr nachts angerufen: ›Wo steckst du? Wir brauchen dich. Es ist Krieg.‹ Ich musste mich am Ende trennen, es ging nicht, wir haben Kinder. Aber wenn ich Freunden von dieser Sucht erzählt habe, dachten die immer nur, ach, die Regina spinnt. Dabei hab ich mit einem Zombie zusammengelebt. Er war nie wirklich da, solche Menschen sind nie wirklich anwesend. Saß in jeder freien Minute hinterm Computer und spielte ›Civilization‹.«

Bei diesem Spiel muss man eine ganze Gesellschaft von Grund auf aufbauen. Man kümmert sich um alles, Infrastruktur, Umwelt, Ernährung, Wasserversorgung, Verkehr. Während Regina C.'s Mann im Netz also mit großer Umsicht und Sorgfalt für das Wohlergehen und Prosperieren einer ganzen Zivilisation sorgte, redete er jahrelang kaum ein Wort mit seinen eigenen Kindern und verkam dabei zusehends: Wusch sich nicht mehr, verwuchs mit seiner

Kleidung, aß nur Junk und wurde fett. Ein eingeschalteter Paartherapeut sagte, er und seine Frau sollten eine halbe Stunde am Tag miteinander reden. »Ich hätte mit ihm über alles geredet,« sagt Regina, »über Flaschenöffner oder das Wetter in Rheinland-Pfalz. Hauptsache wir reden überhaupt mal miteinander. Ich wollte diese Ehe retten, ich war ja streng katholisch. Er sagte nur: ›Worüber soll ich mich denn unterhalten?‹ Auf all meine Fragen über sein Leben, über seine Vergangenheit, antwortete er immer nur: ›Weiß nicht. Vergessen.‹ Wenn wir Sex hatten, was eh nur ganz selten vorkam, war er wie eine Maschine, jetzt die Hand zur Schulter, jetzt die andere Hand auf die Brust. Als ich ihn mal fragte, warum wir uns nicht einfach mal die Kleider vom Leib reißen können, sagte er, so was gebe es nur in Hollywood. Naja, lag ich eben wieder unter ihm, starrte die Decke an und ging die Einkaufsliste durch.«

29. JANUAR

Vor ein paar Tagen stand in der SZ, dass sich das Netz im kommenden Jahrzehnt noch dichter um unser aller Leben legen werde. Es gebe ja heute schon kaum noch Freiräume. Die einzigen »Inseln der Glückseligen«, die dem Redakteur einfallen: Fernsehen und Autofahren. Vor der Glotze und hinterm Steuer, da lebe der Mensch noch »für kurze Zeit im Offline«. Darauf muss man auch erst mal kommen, gerade diese extrem entfremdete, tote Zeit, in der man nichts mit sich selbst zu tun hat, als Glückseligkeitsinsel zu begreifen, als Momente, in denen man noch bei sich sei.

Außerdem stimmt es nicht mal, wir sind mittlerweile auch im Auto vernetzt. Zwei Leute haben mir im Verlauf der letzten Wochen gestanden, dass sie beim Mailen, Surfen, Simsen einen Unfall gebaut haben, vier andere sagen, dass sie während des Autofahrens permanent ihr Smartphone in Reichweite haben. Ein Fotograf erzählt, er fahre beruflich täglich mehrere Stunden herum, »da geht das gar nicht anders. Früher habe ich all meine Telefonate auf die Autofahrten verlegt, das war schon gefährlich genug. Aber heute – wirklich der Wahnsinn, was ich da mache, aber ich kann's nicht lassen. Kaum stehe ich an der Ampel, checke ich Mails, simse, kucke bei Spiegel Online rein. Ich hab mal auf Youtube einen Film des britischen Verkehrsministeriums gesehen, die ziehen alle Register, ein Unfall, perfekt inszeniert, eine junge Frau schreibt während des Fahrens eine SMS und fährt frontal in eine Familie. Wird alles in Zeitlupe gezeigt, man hört das Knacken der Wirbelsäule, am Ende die regungslose Familie, nur die Zweijährige wird hinten mit dem Schweißbrenner rausgeschnitten und wimmert ›Mama, Mama‹. Ich bin horrorfilmerprobt, aber das hat funktioniert, danach hab ich mich zwei Wochen lang diszipliniert.« Wie? Nur zwei Wochen? Und jetzt? »Ist es wieder wie immer.«

Da ich das mit den Unfällen gar nicht glauben konnte (ich dachte, das muss doch rauskommen, die Polizei braucht ja bloß das Verlaufsprotokoll der Geräte anzuschauen), habe ich heute Morgen die Pressestelle der Münchner Polizei angerufen und gefragt, wie viele Unfälle durch Handygebrauch verursacht würden.

»Das wissen wir nicht.«

»Schauen Sie denn nach einem Unfall nicht in das Verlaufsprotokoll der Handys?«

»Das dürfen wir nur, wenn der Unfallverursacher uns gegenüber zugibt, dass er ein Handy benutzt hat.«

»Aber das gibt doch kein Mensch zu.«

»Eben. Wir wissen aber andererseits von unseren Streifen, dass nicht viele Leute während des Fahrens telefonieren. Und ich selbst war bis vor vier Jahren beim Unfallkommando und kann sagen, dass selten Handys in Unfälle involviert waren.«

Vor vier Jahren … Kriegt die Polizei denn nicht mit, dass heutige Smartphones mit vier Jahre alten Handys ungefähr so viel zu tun haben wie ein Ferrari-Bolide mit Henry Fords ersten Autokisten? Diejenigen, die mir gegenüber ihre Unfälle oder ihr Gedaddel während des Autofahrens zugaben, hatten nicht telefoniert, sondern gesimst, News gelesen, Mails gecheckt oder ihren Zielort auf Google Maps eingegeben. Dafür muss man das Handy nicht polizeistreifenkompatibel am Ohr halten, das macht man unterm Lenker.

31. JANUAR

Die Freundin, die erzählt, ihr Mann sei als freier Kameramann natürlich angewiesen auf Aufträge und müsse sich deshalb viel umtun im Netz: »Aber mittlerweile ist der mehr am Surfen als am Leben. Ich bin's gewöhnt, so ist es halt. Aber für unsere Tochter tut es mir leid. Er ist ja ohnehin viel weg, aber auch, wenn er dann mal da ist, ist er nicht wirklich präsent. Das Smartphone ist immer wichtiger als unser Alltag, beim Essen, beim Reden, wenn unsere Tochter was aus der Schule erzählt: Sobald das Ding schnarrt, wird alles andere für ihn uninteressanter Hintergrund. Und meine Tochter sitzt dann mit ihrer halb erzählten Geschichte da und schaut verwundert, was er jetzt wieder rumtippen muss.«
Die Bekannte, die sagt, der Urlaub mit dem befreundeten Rechtsanwalt sei eine einzige Pleite gewesen, weil der seinen Blackberry nicht aus der Hand habe legen können: »Als ich irgendwann wütend wurde, schrie er mich an: ›Kapiert ihr das nicht? Wenn ich den ausmache, bin ich draußen!‹ Ich hab's nicht rausbekommen: Hat der sich seine Sucht schöngeredet? Oder hat er tatsächlich diesen Druck? Der Urlaub war jedenfalls eine Katastrophe.«
Wo fängt die hausgemachte Zerstreuung an? Wo hört der objektive Arbeitsdruck auf? Der Online-Kollege, der täglich zehn Stunden die Nachrichtenportale im Blick haben muss; der Grafiker, der Tag um Tag im Netz nach Aufträgen jagt – was könnten die groß anders machen?
Bolko von Oetinger, ehemals Senior Partner von Boston Consulting, erzählte mir am Telefon, all die jüngeren Kollegen seien verwachsen mit ihren Smartphones. »Natürlich kommunizieren die mehr als wir früher. Aber die denken auch, wenn sie das nicht tun, leben sie gar nicht mehr. Die müssen nonstop online sein. Die wachen jeden Morgen auf mit der Furcht, im Schlaf etwas verpasst zu haben. Nicht nah genug am Kunden zu sein. Und da alle Kollegen ihre Smartphones mitnehmen in den Urlaub, muss das der Familienvater auch tun. Die Kunden erwarten heutzutage, dass man 24 Stunden am Tag erreichbar ist.«

FEBRUAR

Der Proband singt ein Loblied auf seine Kollegen, ohne die er das ganze Experiment abbrechen müsste, unternimmt eine Zugreise, wundert sich über eine Schweizer Facebook-Userin und muss zerknischt einen Rückfall beichten.

1. FEBRUAR

Am Rande von Meinersen, einem unscheinbaren Dorf in der niedersächsischen Tiefebene, zwischen Hannover und Gifhorn gelegen, steht ein Haus, in dem die wertvollste Ressource der Menschheit gefördert wird: Aufmerksamkeit. Gundula Meyer, eine ehemalige protestantische Pfarrerin, die sechs Jahre bei dem japanischen Zen-Meister Yamada Kôun Roshi studiert hat, betreibt hier ein kleines Zendo. Während des Studiums bin ich ein paarmal zu ihren Sesshins gefahren, fünftägigen, streng strukturierten Schweigeseminaren, bei denen man auf einem Kissen sitzt, zur Wand gerichtet, und versucht, auf seinen Atem zu achten.

Einmal durfte ich im Winter mehrere Wochen bei ihr wohnen. Ich hatte ein kleines Zimmer für mich, musste sechs Stunden am Tag sitzen und hatte ansonsten einfache Aufgaben im Garten oder im Haus zu verrichten. Es waren wunderschöne Wochen, still, winterlich, einsam, und während des Sitzens im Zendo, in dem es immer ganz sacht nach Weihrauch roch, konnte ich dem Wiesel zuhören, das sich auf dem Dachboden eingenistet hatte und dort fortwährend herumkruschte. Nicht dass ich nach den Wochen besser gewusst hätte, wohin mit mir im Leben oder dass ich irgendwelche auch nur annähernd erleuchtungsähnlichen Zustände erlebt hätte, eher habe ich umgekehrt zum ersten Mal wirklich gemerkt, was für ein immenses Tohuwabohu in meinem Kopf herrscht. Es geht dort lauter zu als auf der Zentralkreuzung einer indischen Chaosmetropole, was für ein horrendes Geplapper. Aber mit dem Sitzen ist es, als würde man um eine kleine Pfütze auf ebendieser indischen Kreuzung ein Absperrband spannen. Der Lärm bleibt derselbe, die Pfütze spiegelt weiterhin das Durcheinander aus Ängsten, Meinungen, Monologen, aber da sich das Wasser in der Lache mit der Zeit beruhigt, die abertausend kleinen Schwebeteilchen sich langsam absenken, spiegelt sie den Lärm zumindest klarer als zuvor. Ich habe diese Wochen als ganz und gar sinnvoll genutzte Zeit in Erinnerung. Dass ich seitdem nicht mehr zu den Sesshins gefahren bin, liegt nur daran, dass ich es nicht schaffte, das Sitzen in meinen Alltag zu integrieren.

Einmal habe ich an einem Sonntag frei genommen und bin vom Zendo aus nach Hannover gefahren, um ins Kino zu gehen. Im Regionalzug hatte jemand einen »Spiegel« liegenlassen. Abends im Bett las ich darin herum. Das war ungefähr so, als wenn einer, der zarte Kammermusik gewöhnt ist, plötzlich in einem Death-Metal-Konzert vor den übersteuerten Boxen steht, eine wummernde Totalattacke auf alle Sinne. Sicher lag es auch am »Spiegel« mit seinem übersteuerten Katastrophensound, aber vor allem lag es daran, dass ich vier Wochen lang in der Stille gelebt hatte. Ich konnte nicht aufhören, mich durch all diese Texte zu wühlen, gleichzeitig kam es mir aber vor, als würde man mir die Augen mit Streichhölzern aufhalten und eine grell bestrahlte Stroboskopkugel vors Gesicht hängen. An diese Erfahrung muss ich denken, als ich nach einem Monat des ruhigen, freien Arbeitens in die Redaktion zurückkomme.

Es gibt eine Klaviersonate von Robert Schumann, die mit der Tempovorschrift »so schnell wie möglich« beginnt. Einige Takte später heißt es »noch schneller«. So ist das in der Redaktion seit einer Weile auch. Die Zeitung hat weniger Leute als noch vor zwei Jahren, erscheint aber im selben Umfang. Klar, Wirtschaftskrise. Aber genauso klar ist: Internet. Nein, ich will hier nicht den hundertsten getragenen Leitartikel zum Thema Zeitungskrise anstimmen. Ich finde die Zeitung nur ein eindrückliches Beispiel dafür, wie wenig alle geahnt haben, welche Sogkraft das Netz in kürzester Zeit entwickeln würde. Im Nachhinein wirkt es schließlich nahezu verrückt, dass ab Mitte der Neunzigerjahre in allen Verlagen der Welt für teuer Geld extra Leute eingestellt wurden, nur damit sie die Inhalte der Zeitungen in möglichst schöner Verpackung an die digitale Gemeinde verschenken. Keiner der vielen Experten hat seinerzeit geahnt, welche Kraft das Netz in kürzester Zeit gewinnen würde, man dachte eher an irgendein gemütliches Zusatzgeschäft, das eines Tages in der digitalen Nische schon Geld abwerfen werde. Jetzt füttern wir kleinen Zuträger die Riesenmaschine um die Wette mit dem Wertvollsten, was wir haben, und hoffen im Gegenzug auf höhere Visit- und Klickzahlen. Die Zeitungen schütten Gold ins Netz und bekommen Brotkrumen zurück: Man verschenkt Reportagen, für die man weite Reisen unternehmen muss, oder aufwendig recherchierte Meinungsstücke und darf dann hoffen, dass durch viele Klickzahlen auf der Homepage die Werbeeinnahmen um ein paar Cent hochgehen.

3. FEBRUAR

Jeder von uns hat ein-, zweimal im Monat Dienst. Man muss an diesen Tagen die Feuilleton-Seiten layouten, schaut, dass alle Texte pünktlich kommen, kümmert sich um Bilder, hat die Meldungen im Blick und sorgt dafür, dass jeder Text zumindest einmal von einem anderen Redakteur gegengelesen wird. Heute bin ich mal wieder dran. Eine schreckliche Tortur. Ich kann keine Bilder aussuchen zu einer großen Seurat*-Ausstellung, weil man die von der Homepage des Museums herunterladen muss. Ich bin wieder einmal kurz davor, das ganze Experiment abzubrechen. Mein Chef, der die diensthabenden Redakteure eigentlich immer aus der großen Konferenz mit Mails von seinem Blackberry eindeckt, kommt nach eben dieser Konferenz in mein Büro und sagt: »Okay, dann also heute mal ganz langsam, analog und mündlich: Es ändert sich Folgendes …«
Habe ich überhaupt schon mal gesagt, was für nette Kollegen ich habe? Ich glaube nicht. Die erlauben mir, sechs Monate lang als analoger Zausel durch die Redaktion zu laufen, ja zuweilen tra-

* Französischer Maler (1859–1891).

gen sie mir auch noch Ausdrucke von Rund-Mails vorbei oder kommen, wie Evelyn vorhin, als »lebende Mail« vorbei, um mir zu sagen, dass wir heute früher belichten müssen. Möge die Sonne über ihnen leuchten und all ihren Nachkommen bis ins siebte Glied! Mögen sie im ICE des Schicksals immer einen Fensterplatz in der ersten Klasse ergattern.

6. FEBRUAR

Manche Bücher schlagen in meinem Leben ein wie ein Meteor. In den vergangenen Wochen habe ich »Beschleunigung – Die Veränderungen der Zeitstrukturen in der Moderne« verschlungen, ein Buch des Soziologen Hartmut Rosa, das die ganze Internetproblematik wie ein Puzzleteil an den richtigen Platz rückt. Rosa wundert sich zunächst darüber, dass wir in der Moderne, in der wir doch enorm viel Zeit gewonnen haben, permanent von dem Gefühl gequält werden, keine Zeit mehr zu haben. Wir werden doppelt so alt wie die Menschen im Mittelalter, und wir haben technische Maschinen zur Hand, die uns zusätzlich Zeit freischaufeln: Waren werden viel schneller produziert als früher, das Tempo der Fortbewegung hat sich verhundertfacht, die Datenverarbeitung vertausendfacht.

Als sich diese allumfassende Beschleunigung am Horizont der Moderne abzeichnete, glaubten viele, ein Freizeitparadies warte auf die Menschen der Zukunft. So prognostizierte John Maynard Keynes* 1930, das 21. Jahrhundert werde das »Zeitalter der Freizeit«. Da die Maschinen uns die meiste Arbeit abnehmen würden, prognostizierte er »Drei-Stunden-Schichten oder eine 15-Stunden-Woche«. Woher kommt es also, dass wir uns heute, statt in einem Paradies der Muße zu leben, eine Art permanentes Notstandsgebiet konstruiert haben?

Der Denkfehler der Optimisten aus früheren Tagen war die Annahme, dass sich die Welt nur außerhalb unseres Lebens beschleu-

* Britischer Ökonom, Mathematiker und Politiker (1883 – 1946).

nigen würde und wir Menschen diesem Treiben aus einer Art zeitlichem Naturreservat heraus bequem zuschauen könnten. Aber da wir es selber sind, die diese Beschleunigung seit Jahrhunderten vorantreiben, dringt diese auch in immer mehr Lebensbereiche ein. Die Technik ist bei Rosa nicht, wie es in vielen Internethassbüchern scheint, per se schlecht oder böse, wir alle lechzen ja nach ihr, um schneller von A nach B zu kommen, schneller zu produzieren als die Konkurrenz, noch schneller kommunizieren zu können und enger vernetzt zu sein. Sie ermöglicht uns, im permanenten Beschleunigungsspiel auf immer noch schnellere Levels zu kommen – mittlerweile freilich auf ein Tempo, das zu »organisatorischem Kammerflimmern« führt, wie Hartmut Rosa den rasenden Stillstand, die ameisenblinde Geschäftigkeit und hyperfrenetische Dynamik unserer Tage nennt.
Rosa zu lesen ist deshalb so wertvoll, weil er zeigt, dass uns nicht die immer bessere und schnellere Technik alleine in diese Atemlosigkeit zwingt. Mindestens genauso stark sind die Wettbewerbslogik – der Schnellste kriegt den Zuschlag, Zeit ist Geld, im nächsten Quartal müssen wir die Schlagzahl noch mal erhöhen – und dazu der Terror, den wir uns selber machen: Weil wir um unsere Endlichkeit wissen, versuchen wir permanent, uns möglichst viele Optionen offenzuhalten, um auch wirklich in das eine, viel zu kurze Leben alles reinzustopfen, was nur irgend geht. Aber was man auch tut, man tut im selben Moment zehn andere Dinge nicht, weshalb es permanent quälend im Hintergrund pocht: Warum habe ich noch nicht und eigentlich müsste ich. – Ganz genau: Warum habe ich Rosas Buch nicht schon früher gelesen, und eigentlich müsste ich den Mann unbedingt besuchen.

7. FEBRUAR

Auf der Zugfahrt sitzen nur vernetzte Menschen im Großraumabteil. Alle, ausnahmslos alle haben die Rechner an oder schauen auf ihre Smartphones. Ich denke zunächst, das kann ja wohl nicht sein und gehe zweimal durchs Abteil, um die Leute zu zählen, die schlafen, ein Buch lesen, zum Fenster rausschauen oder einer anderen Offline-Beschäftigung nachgehen. Ich finde keinen. Nicht einen einzigen. Okay, das Abteil ist recht schütter besetzt, wir sind vielleicht sechzehn Fahrgäste. Aber trotzdem. Ich setze mich wieder auf meinen Platz, schaue zum Fenster raus und denke, keiner von denen sieht jetzt, dass der Krähenschwarm auf den Starkstromleitungen vor Nürnberg gerade eine unbekannte Partitur bildet, die Strommasten als Taktstriche, die Vögel als Noten.

Die Idee für mein Offlineexperiment kam mir erstmals auf einer Zugfahrt. Ich fuhr nach Hamburg. Da ich immer schnell Heimweh nach den Kindern bekomme, bin ich an ein und demselben Tag hin- und zurückgefahren, habe also elfeinhalb Stunden im Zug verbracht. »Du Armer«, sagten meine Kollegen, die das mitbekamen, »elf Stunden Zug, wie schrecklich.« Ich habe eifrig genickt, Mitleid nimmt man ja immer gerne mit. Aber heimlich dachte ich, ihr Armen, zehn Stunden Büro, wie schrecklich.

Ich kann im Zug hervorragend arbeiten. Es ist still, keiner ruft an, ich kann nicht ins Netz – vorausgesetzt ich habe meinen Blackberry nicht dabei. Außerdem läuft an der Peripherie des Blickfeldes permanent stilles Landschaftskino ohne Handlung, zersiedelte Räume, grünbraune Leere, sehr beruhigend. Ab und zu torkle ich durch den schwankenden Gang, hole mir einen Kaffee und blättere danach in »Mobil«, diesem Magazin, mit dem ich auf jeder Zugfahrt einen stummen Krieg führe. Still und starr liegt es vor mir, anfangs denke ich immer, diesmal nicht, aber irgendwann blättere ich es dann doch durch, untergründig voller Wut, dass ich's jetzt doch wieder tue. »Mobil«-Lesen ist wie schlechtes Onanieren.

Diesmal aber war es sehr interessant. Nicht das Heft selber, sondern ein paar lose Seiten, die aus meiner »Mobil«-Ausgabe herausfielen. Da hatte einer anscheinend Studien gesammelt zum Thema Ablenkung am Arbeitsplatz. Eine IT-Firma hat errechnet, dass das private Gedaddel an den Computern am Arbeitsplatz die britische Wirtschaft jährlich 1,4 Milliarden Pfund koste; eine amerikanische Firma behauptet, dass das amerikanische Bruttosozialprodukt um 1,5 Prozent wachsen würde, wenn Angestellte nicht Facebook benutzen dürften. Die berühmte Studie der University of California durfte natürlich auch nicht fehlen, derzufolge sich die durchschnittliche Büro-Monade nur elf Minuten am Stück ein und derselben Aufgabe widmen kann. Dann ploppt eine Mail hoch. Oder es ruft jemand an. Oder man schaut nur mal schnell zur Entspannung etwas im Internet nach. So wie andere eine rauchen. Das eigentlich Schockierende an der Studie sind nicht die kümmerlichen elf Minuten, die man kontinuierlich arbeiten kann, sondern die Erkenntnis, dass die Probanden im Schnitt 25 Minuten brauchten, bis sie sich wieder ihrer eigentlichen Tätigkeit widmen konnten. Weil sie der Anrufer bat, irgendetwas dringend zu erledigen. Weil sie auf die hochploppende Mail antworten mussten. Weil sie im Internet vom einen Link zum nächsten getrieben waren und sich dann in einem dritten Text zu ganz etwas anderem festlasen. Und weil sie sich dann erst wieder sammeln mussten.

Ich schaute zum Fenster raus und fragte mich, ob diese Studie gefälscht wurde, die Zahlen klangen einfach zu absurd. Jede Firma könnte doch zumachen, wenn alle fortwährend 25-Minuten-Ablenkungen hinlegen. In 25 Minuten fuhr dieser Zug fast von Frankfurt bis Köln.

Andererseits geht konzentriertes Arbeiten vielleicht tatsächlich nur noch an Orten ohne Internet und Handyempfang. Der Tag, durch den ich mich gerade bewegte, sprach dafür. Ich habe in den elf Stunden München – Hamburg – München an einem langen Text gearbeitet, 70 Seiten am Stück in einem Buch gelesen und eine Stunde geschlafen. Mein Tag war wie auf Schienen abgelaufen, immer geradeaus, gleichmäßig. Ohne auch nur einmal ins Netz abbiegen zu können. Am Münchner Hauptbahnhof fühlte ich mich nicht gerade wie neugeboren, schließlich war es fast Mitternacht, aber endlich mal wieder befriedigend erschöpft von einem richtig guten Arbeitstag. Und da dachte ich, wie das wohl wäre, ganz ohne Netz.

15. FEBRUAR

In der Schweiz hat eine Werbeagentur ein Experiment gemacht: Facebook-Mitglieder, die sehr viel Zeit auf der Seite verbringen, durften einen Monat lang nicht in ihren Account. Der Leiter des Experiments sperrte vor den Augen der Teilnehmer deren Passwörter. Eine Frau behauptete, dieser Moment habe sich angefühlt, als habe man ihr den Wohnungsschlüssel weggenommen, eine andere, es komme ihr vor, als sei ein naher Verwandter gestorben. Jetzt frage ich mich mal wieder, ob ich ein hoffnungslos überkommenes Auslaufmodell bin oder ob die heftig einen an der Waffel hat. Vier Wochen Facebook-Entzug – so schlimm wie der Tod eines Verwandten? Wollte die einfach nur etwas hochgradig Idiotisches sagen, um damit ins Fernsehen zu kommen? Oder haben die Schweizer andere Beziehungen zu ihren Verwandten? Sind ja ein eher reserviertes Bergvolk. Wie auch immer: Für die meisten war die Erfahrung sehr hart. Obwohl sie weiterhin ins Netz und auch sonst alle Medien konsumieren durften, fühlten sie sich abgeschnitten, ausgegrenzt, alleine. Als ich das las, fiel mir Thomas Mohol wieder ein, mein Freund aus dem Bernauer Gefängnis, der ja bis zum Tag vor seiner Inhaftierung auch sein ganzes Sozialleben über Facebook abwickelte und der gerade wieder einen schönen Brief schickte: »Früher, mit meinen Freunden im Netz, der permanente Gesprächsstrom – dagegen jetzt die verrückte Effizienzmanie in den kurzen Besuchen, das Gespräch verkommt da zum nervösen Info-Austausch. Aber versteh mich nicht falsch, ich tue mir schwer, damit zu sagen, Gefangene würden leiden, als Strafgefangener hat man ja einen gewissen Weg hinter sich, den man in den meisten Fällen selbst gewählt hat.«
Die Schweizer Werbeagentur machte nach dem Experiment Interviews mit allen Beteiligten. Viele sagen, sie würden jetzt »weniger zwanghaft oder in weniger dekadent häufiger Form« reinschauen; sie hätten durch den Fastenmonat erkannt, was für einen sozialen Stress die permanente Pflege des eigenen Accounts bedeute. Ganz auf Facebook verzichten wollte danach aber keiner. Dem Resümee

würde ich mich anschließen: Ich hoffe, durch das halbe Jahr ein wenig Souveränität zurückzugewinnen. Dass ich danach weniger zwanghaft in meine Mails schaue. Aber ganz aufs Netz verzichten? Never ever, wie wir in Harvard zu sagen pflegen.

Ich bin nicht bei Facebook. Zum einen hatte ich Angst, mit meiner Suchtdisposition mir noch eine zeitfressende Droge aufzuhalsen, eine Art schwarzes Loch, das man permanent füttern muss, ohne dass das den Sog je abschwächen, den Mangel je füllen würde. Zum anderen ist das der dreisteste Laden überhaupt, die raffen die Daten wie Kleptomanen, und wenn all die Netzeuphoriker 100-mal sagen, in unseren neuen Zeiten gebe es eben keine Privatsphäre mehr, aber das sei ganz großartig, dann antworte ich ihnen, sie mögen doch alle mal einen langen Spaziergang machen, auf dem sie garantiert niemanden treffen, vor dem sie die Rolle des progressiv nonkonformistischen *Digital Native* spielen müssen, und dann sollen sie in sich lauschen, da werden sie nämlich eine Stimme hören, die ihnen sagt: So schlecht ist das gar nicht mit der Privatsphäre.

Gleichzeitig verbiete ich hiermit allen Internetkritikern, mich in ihr Geschimpfe einzugemeinden, jedenfalls wenn es sich um dieses Exhibitionismusgeschimpfe handelt, das Gemäre darüber, dass das angeblich alles nur narzisstische Selbstdarsteller seien, die die Öffentlichkeit suchten. Denn genau diesen öffentlichen Aspekt vergessen die meisten, die da drin sind, ja oft. Die posten Fotos für ihren Freundeskreis und wundern sich, wenn das plötzlich wo ganz anders auftaucht. Facebook ist eine Art laut verlesenes Tagebuch. Oder sagen wir eine Telefonkonferenz mit den zehn besten Freunden. Gegen soziale Netzwerke per se zu wettern ist ungefähr so verbohrt, als würde man über Glasfaserkabel oder Faxgeräte schimpfen. Oder wie die Kulturkritiker, die um 1880 herum befürchteten, die allerorten neu entstehenden Postämter und die Unsitte, dass junge Mädchen neuerdings flächendeckend lesen und schreiben lernten, seien eine brandgefährliche Kombination, die jungen Frauen würden in Zukunft nämlich all ihre Zeit damit verbringen, ellenlange Liebesbriefe aufs Postamt zu tragen.

17. FEBRUAR

Mein digitales Fasten kommt mir zuweilen so vor, als würde ich im reißenden Strom der Zeit hingebungsvoll eine winzige Langsamkeitsinsel aufschütten, die aber fortwährend von allen Seiten überspült wird: Ich schlinge mein Essen runter und lese währenddessen die Zeitung. Ich telefoniere mit einer Freundin und schreibe währenddessen weiter. Ich treffe einen Freund und schaue mehrfach auf die Uhr, weil ich heute ja noch dies und das tun sollte. Wollte. Sollte. Wollte. Schwer zu sagen, was da jeweils Zwang ist und was Muster. Und die unersättliche Wunschmaschine läuft ohnehin genauso weiter wie zuvor auch.
Ich dachte ja früher, dieses quälende Gefühl des Verpassens, des untergründigen Drucks, immer noch mehr in dieselbe Zeit pressen zu wollen, werde vom Netz verstärkt: Mehr Mails, Multitasking, Aufmerksamkeitszerstäubung. Inzwischen bin ich mir da nicht so sicher. Derselbe nervöse Mangel und Optionenterror plagte mich ja schon 1999, im südindischen Mettupalayam, wie ich heute in meinem Tagebuch von der damaligen Reise las: »14. April: Selbst hier, selbst in dieser verschnarchten indischen Kleinstadt, siebentausend Kilometer von München entfernt, hört die Wunschterrormaschine nicht auf. Ich bin wie zerhäckselt von widersprüchlichen Impulsen und vermeintlichen Pflichten. Während ich die letzten zweieinhalb Seiten geschrieben habe, wollte ich Tee trinken gehen und Jörg anrufen, habe in unserem Indienführer die Trivial-Pursuit-Seiten zu ›Geschichte, Politik und Religion Südindiens‹ gelesen, wollte aufspringen und in das indische Disneyland-Ressort fahren zwecks Recherche, hab nachgedacht, ob ich den Job bei ›Applaus‹ annehmen soll oder wie das wäre, in Indien zu leben. Oder in Berlin. Oder, oder, oder, immer weiter.«
Herrschaftszeiten, kann denn hier nicht mal stramme Eindeutigkeit einkehren? Ich habe solche Sehnsucht nach klaren Verhältnissen. Dieses Entzugstagebuch dagegen pendelt argumentativ hin und her wie der Kopf eines nickenden Inders. Um zu bejahen, wiegen die stolzen Söhne Trivandrums und die schönen Töchter Ben-

galens den Kopf diffus hin und her. Für diese Zustimmungsgeste muss man den Kopf in zwei Achsen gleichzeitig bewegen können. Zuweilen sieht das aus, als hänge er nicht mehr mit der Wirbelsäule zusammen und baumele jetzt so hilflos umher wie ein Maskottchen am Rückspiegel eines Offroad-Fahrers. Unser westliches Nicken ist dagegen eindeutig und hart wie der rote Haken des Lehrers neben der korrekt gelösten Mathematikaufgabe. Ich wünsche mir manchmal mehr solch eindeutiges Nicken in meinem Text.

22. FEBRUAR

Ich frage mich, ob ich weniger vergesse als früher. In den letzten Wochen habe ich keine Verabredung und keinen Termin verpasst. Früher habe ich Leute so notorisch versetzt, dass ich mich irgendwann still und leise über ihre Treue wunderte. Kann es sein, dass ich jetzt wieder Informationen in menschlichem Maß zu verarbeiten habe? Dass ich meinen Schädel nicht mehr ganz so vollstopfe wie sonst?

Während meines Zivildienstes kam oft die Mutter von Eva vorbei, der Behinderten, die ich damals betreut habe. Die alte Frau, eine ehemalige Opernsängerin, schleppte jedes Mal hunderterlei Dinge an, sie war sehr einsam und hatte einen monströsen Einkaufstick, der vielleicht auch damit zu tun hatte, dass sie der festen Überzeugung war, wir Zivis würden ihre Tochter gezielt verhungern lassen. Wenn sie zu Besuch kam, stellte sie einen Scheck aus über 2000 Francs, schnappte sich dann einen von uns und ging für dieses Geld im Géant Casino, einer Art Riesenaldi, in dem die Verkäufer mit Rollerskates unterwegs waren, einkaufen. Nach ihren konsumistischen Feldzügen war die Badewanne randvoll mit Putenschenkeln, Gemüse und riesigen Käsestücken. Einmal kamen wir zurück mit drei Kühlboxen, die sie im Schuppen verstauen wollte. Der Schuppen aber war zum Brechen voll, mit den Kühlboxen und all dem anderen Krempel, der sich bei ihren letzten Einkaufsattacken angesammelt hatte. Es passte beim besten Willen nichts mehr rein. Es war, als wollten sich die Dinge endlich an ihr rächen.

Ich genoss damals den Anblick dieser verbitterten alten Frau, die sich vergeblich mühte, die Boxen in das von ihr selbst angehäufte Chaos zu quetschen. Am Ende blieben die Kühlboxen draußen stehen, und wir widmeten sie nach ein paar Tagen um zu Blumenrabbatten.
Infos passen immer mehr rein. Denken wir. Dass sie hinten, im Dunkel unseres Gedächtnisschuppens, einfach stumm verlöschen, merken wir nicht, schließlich sind wir so frenetisch am Einräumen und Weiterreinstopfen.

27. FEBRUAR

Also gut: Ich muss in den Beichtstuhl und schäme mich richtig. B.'s Computer ist kaputtgegangen, sie hat sich einen neuen bestellt, hat aber, während ich in der Arbeit war, kurzerhand bei mir wieder Firefox installiert. »Ist nur für eine Woche, dann kommt mein Rechner«, sagte sie beim Abendessen nebenbei, »du schaust doch eh nicht rein. Ich muss unbedingt ein paar Sachen online erledigen.« Ich war übertölpelt und habe nichts gesagt. Beziehungsweise: »Kein Problem, passt schon.« Was aber tat ich vorhin, als sie weg war? Ich wollte nicht. Ich wollte es nicht. Ich habe es nicht gewollt. Nein. Ehrenwort. Ich habe ja auch zunächst fieberhaft an einem Text gearbeitet, den ich noch fertigkriegen muss vor dem Wochenende, das ist doch der eindeutige Beweis dafür, dass ich den Rechner aus ganz anderen Gründen angemacht habe. Links neben dem Dokument war der orangefarbene Fuchs zu sehen, der mich nicht interessierte. Der mich nicht zu interessieren hatte. Den ich nicht sehen wollte, auch wenn er mir fortwährend ins Blickfeld leuchtete. Über den ich das Worddokument gezogen habe, weil ich das nicht will, außerdem musst du den Text dringend fertigschreiben. Komm, du hast es dir vorgenommen, ein halbes Jahr, du hast schon mehr als die Häl … Schon war ich drin. Und hab mich benommen wie ein Fresssüchtiger, den man nach drei Monaten Haferschleimdiät unbeaufsichtigt in die Speisekammer lässt. Ich hab mich hemmungslos überfressen, eine Stunde gesurft wie unter Zwang. Natürlich ohne Freude, wie ein rückfälliger Raucher, der missgelaunt draußen vorm Büroturm steht und im Regen vor sich hinpafft, ich hab immer wieder gesagt, jetzt hör halt auf, aber da war's schon Mitternacht und ja irgendwie eh schon wurscht … Scheiße.

Ich komme mir wie ein Verlierer vor, ein Verlierer und Hanswurst. Als hätte ich das ganze Experiment versaut. Übrigens genau an dem Tag, an dem Margot Käßmanns* blaue Fahrt durch Hannover in den Medien groß diskutiert wird. Bei Rot über die Ampel, mit 1,54 Promille im Blut. Im »Bild«-Interview sagte sie: »Ich bin über mich selbst erschrocken, dass ich einen so schlimmen Fehler gemacht habe.« Ich auch. Viele fordern Käßmanns Rücktritt. Muss ich jetzt auch zurücktreten? Muss ich abbrechen? Ich habe gesagt, wenn ich so etwas heimlich mache. Bin zwar Protestant, finde aber, es gilt hier wie in der katholischen Kirche: Gebeichtet ist vergeben.

Ich will mich ja hier nicht brüsten, aber ich habe es entgegen aller Unkenrufe 89 Tage lang irgendwie geschafft, ohne Internet meine Arbeit zu machen und mein Leben analog zu organisieren. Mein Rückfall nervt mich. Er macht mich dermaßen wütend, dass ich zu Axel gehe und ihn bitte, er solle das Internet ganz und gar sperren und runterschmeißen oder was man da machen muss, damit es niemals jemand reinstallieren kann. Was er getan hat.

* Evangelische Theologin (*1958), trat im Oktober 2009 von ihren Ämtern als Landesbischöfin und Ratsvorsitzende der Evangelischen Kirche in Deutschland zurück, nachdem sie alkoholisiert über eine rote Ampel gefahren und von der Polizei angehalten worden war.

MÄRZ

Der Proband besucht den Beschleunigungsexperten Hartmut Rosa, der die ganze Internetproblematik endlich an den richtigen Platz rückt, und muss auf einem eintägigen Zen-Sesshin krampfhaft schlucken.

1. MÄRZ

Ich fange fürs Erste wieder um fünf Uhr morgens an mit dem Tagebuchschreiben. Dasselbe allmorgendliche Vorbereitungsritual wie im Dezember: Das leise Anziehen im Flur, nur die Gürtelschnalle klimpert manchmal wie das Halsband eines freudig erregten Hundes; in der lichtlosen Küche Teewasser kochen und währenddessen mit spinnenbeinernen Fingerspitzen den steilen Geschirrberg im Abtropfgestell überkrabbeln, auf der Suche nach der weißen Tasse mit dem angeschlagenen Rand; dann vorsichtig, mit Pinzettenhand, Grünteekrümel aus der Porzellandose holen und in das Filtersäckchen streuen; im Arbeitszimmer die knarrenden Dielen, deren Knarzen mir tagsüber nie aufgefallen ist; der blau aufscheinende Bildschirm, wie eine lautlose Lichtexplosion; die Wolldecke um die Hüfte, die Füße an der Heizung, und langsam strahlt die Wärme durch die Socken: All das ist gleich, und das ist so beruhigend, als würde man in einer unbekannten Landschaft bei dichtem Schneetreiben in eine gut gespurte Langlaufloipe zurückfinden.
Und doch fühlt es sich gleichzeitig ganz und gar anders an als in den tiefen Wintermonaten: Die Vögel singen jetzt in der Früh. Was heißt hier die Vögel, es ist eine einzelne Amsel, die mit solcher Inbrunst in die dunkle Stille unseres monotonen Hinterhofs hinunterschmettert, als wolle sie damit die letzten Schneereste neben den blauen Altpapiertonnen wegschmelzen. Ihr Gesang in der Dämmerung ist so tröstend, das sollte es auf Krankenschein geben.

5. MÄRZ

Ich traue mich nicht, um zehn Uhr abends meinen Ressortchef Andrian Kreye zu Hause anzurufen. In dem Moment fehlt mir die wunderbare Diskretion der Mail. In die könnte er reinschauen, müsste er aber nicht. Seinen Chef so spät am Freitagabend anzurufen, das kommt mir vor, als würde ich nach Schnaps riechend und mit Lehm an den Stiefeln in seinem Wohnzimmer aufkreuzen. Die Mail ist lautlos und schmutzt nicht, und ich wäre mir ziemlich sicher, dass er reinschaut, der hat nämlich auch ordentlich einen an der Waffel in Sachen Blackberry. So sitze ich daheim, überlege, ihm stattdessen eine Postkarte zu schicken, aber da muss ja dann gleich wieder das Motiv stimmen, am besten witzig sein, ohne ins Alberne zu kippen. Außerdem krieg ich dann frühestens in drei Tagen Antwort.

17. MÄRZ

Ein etwa neunjähriger Junge mit Schulranzen auf dem Rücken hastet gegen halb eins an der Kapuzinerstraße an mir vorbei. Er hat nur den einen Ärmel seiner Jacke an, der andere schleift ihm hinterher wie eine signalgelbe Hundeleine. Der Junge telefoniert, ich höre: »Ja, ich komm jetzt. Wir hatten noch Fußball im Hof. Ja. Hab ich. Ja.«

Ich habe mal vor einigen Jahren für die Zeitung einen Text über die immer merkwürdigeren Auswüchse der Kindersicherheitsindustrie geschrieben: Jacken, in deren Krägen Peilsender eingenäht sind, Schuhe mit GPS in der Sohle, Telefone, die wie elektronische Fußfesseln funktionieren: Man gibt einen bestimmten Radius ein, entfernt sich das Kind weiter von der Wohnung, sendet das Handy eine SMS an die Eltern. Sehr schön auch die Uhr, die sofort einen Alarm ausschickt, wenn sich das Kind weiter als fünfzig Meter vom festgelegten Schulweg entfernt. Ich habe diesen Text seinerzeit eindeutig im Ton der Verwunderung geschrieben. Woher kommt dieses Bedürfnis der Rundumüberwachung?

Haben all diese Eltern vergessen, wie wichtig es für sie selber als Kinder war, ab und zu etwas Geheimes zu tun? An Orten zu sein, von denen die Eltern gar nicht wissen? Was aber geschah nach dem Text? Ich wurde überrollt von Anrufen, Eltern, Großeltern, Patentanten, alle wollten wissen, wo es diese fantastischen Uhren und Peilsenderjacken gibt.

19. MÄRZ

Auf dem Weg nach Jena entschuldigt sich der Zugschaffner über Mikrofon bei allen Mitreisenden, weil wir kurz vor Saalfeld einige Minuten lang nur mit Tempo 40 durch die Gegend fahren. Zu Zeiten von Victor Hugo und Gustave Flaubert war das Spitzengeschwindigkeit, die beiden würden aufgrund all der vorbeirasenden Eindrücke wahrscheinlich schon reihernd überm Klo hängen, hier aber zücken die ersten Reisenden völlig entnervt ihre Handys und rufen hinein, der Zug stehe praktisch, eine Riesensauerei der Bahn sei das, sie kämen etwas später ... Als ich den vorbeieilenden Schaffner frage, in welchem Abteil die Telefonzelle sei, bekomme ich einmal mehr das analoge Verschwindensmantra zu hören: Längst abgeschafft, hat keiner mehr benutzt.
Ich komme am Ende doch noch pünktlich zu meinem Gespräch, dafür ist der Soziologe Hartmut Rosa zunächst nicht da. »Ich dachte, wir seien um drei verabredet«, sagt er, als er von zu Hause angerannt kommt und sich den Mantel von der Schulter streift. »Aber nein«, sagt seine Sekretärin, »um drei kommt doch Herr Wilke.« »Herr Wilke? Warum denn Herr Wilke?« »Steht in Ihrem Kalender.« Rosa schaut konsterniert auf sein iPhone. »Ich hatte zwei Papierkalender, und in beiden standen immer unterschiedliche Dinge. Jetzt habe ich mir deshalb dieses Ding besorgt, aber seither geht erst recht alles durcheinander.« Beruhigend zu sehen, dass es dem Papst der Beschleunigungstheorie auch nicht anders ergeht als unsereinem. »Ich bin ja kein Zeittherapeut«, antwortet Rosa, »sondern ein Soziologe, der selbst akut unter Zeitmangel leidet, wahrscheinlich konnte ich das Buch überhaupt nur deshalb

schreiben.« Dann, mit befremdetem Blick auf das Display seines iPhones, so als sei das ein unbekannter Kultgegenstand einer untergegangenen Zivilisation: »Herr Wilke ... Schon komisch, wie wir uns immer als souveräne Akteure dieser Geräte sehen. Der Markt verkauft uns die so, als seien wir die potenten Magier, die einen neuen Zauberstab in die Hand bekommen.«

Im offenen Schrank hinter Rosa stapeln sich die Magisterarbeiten, einige davon hätte er vor zwölf Wochen korrigiert haben müssen, »aber die sind im Moment nur die ...«, er unterbricht sich selber, »... das ist auch so eine rhetorische Selbstbetrugsformel, ›im Moment‹, das kann man eigentlich immer streichen, es ist ja nicht nur im Moment so, sondern permanent, also noch mal: Die Arbeiten sind nur die Spitze des Eisberges, daneben sind da all die Gutachten, Empfehlungsschreiben für Studenten, Drittmittelanträge, die Überarbeitung des Masterstudiengangs, mein Briefverkehr als Institutsleiter, Deadlines für Aufsätze – selbst wenn ich Tag und Nacht arbeiten würde, ich käme nicht hinterher. Am Ende kann man eigentlich nur vollständige Temporalinsolvenz anmelden. Das ist die einzige alltagspraktische Empfehlung, die ich selber habe, eine Art psychologische Guerillataktik, die man allen Chefs mitgeben müsste: Ihr schafft es eh nicht, also lasst euch Zeit. Wenn man verstanden hat, dass man keine Chance hat, alles zu erledigen, wird man gelassener und ameiselt ruhig sein tägliches Pensum runter.«

Während des Gesprächs klingelt es irgendwo in Rosas Büro. »Oh«, sagt er, »das muss mein iPhone sein.«

»Glaube ich nicht, das hat vorhin schon mal geklingelt, als ich alleine hier rumsaß, weil Sie und Ihr iPhone noch dachten, wir seien für drei Uhr verabredet.«

»Dann ist das Skype. Ich gebe mit einem Australier zusammen eine Zeitschrift heraus und mache mit russischen Kollegen von der Moskauer Partneruni Telebridge-Seminare. Die haben mir alle derartig Druck gemacht, dass ich mir endlich Skype anschaffen soll. Das Resultat ist, dass jetzt noch ein Fenster offen ist und ich noch mehr Zeit mit Onlinekommunikation verbringe.«

Internet, Handy, all die Technik sieht Rosa schlicht als Krücken an, die einem helfen, im Rennen zu bleiben, im Rennen, das keine Zielgerade kennt: »Früher ging es darum, eine Position zu erringen, sei es die des Redakteurs, des Arztes oder des Professors. Wenn man die erreicht hatte, war man auf einer Art Hochplateau angekommen und gesichert. Das hat sich umgestellt auf permanente Performanz: Man wird fortlaufend evaluiert, gemessen am Output der Texte, an der Zahl der Lehrveranstaltungen und Aufsätze. Und das gilt nicht mehr nur für die Führungskräfte und Eliten, das finden Sie bis hin zu unteren Diensten, Polizisten müssen ihre Einsätze im Minutentakt abrechnen, das setzt die enorm unter zusätzlichen Stress. Krankenschwester, Fernfahrer, Bauarbeiter – alle werden nach Leistung per Zeit beurteilt.« Während Rosa redet, fällt mir ein, wie ich oft heimlich in unserem digitalen Archiv geschaut habe, wie viele Texte ich in letzter Zeit geschrieben habe. Wenn ich das dann verglich mit dem Output anderer Kollegen, stieg oft helle Panik in mir auf.

Rosa schaut aus dem Fenster seines kleinen Büros auf die Altstadt von Jena und sagt verwundert: »Wir sind so frei wie niemand vor uns. Und gleichzeitig total gegängelt durch den permanenten Effizienzdruck. Wir geben keine Benimmregeln mehr vor, aber wehe, irgendetwas dauert zu lang. Mach, was du willst – aber mach's schnell!«

Rosa müsste heute eigentlich noch etwas vorbereiten, am nächsten Tag sollen die Professoren über Möglichkeiten einer Universitätsreform diskutieren. »Aber keiner von uns, weder die Studenten noch die Verwaltung noch wir Professoren, wirklich keiner hat einen Plan, was wir da eigentlich beschließen sollen. Man müsste ja mittlerweile ein Buch schreiben mit dem Titel ›Die große Ratlosigkeit‹.« Rosa lacht in die Stille seines Büros, es klingt in dem kleinen Raum, als lege sich sofort Staub auf das Gelächter. »Klar geht's immer noch schneller. Aber es geht ja mittlerweile auf allen Ebenen gleichzeitig schneller. Früher gab es stabile Verhältnisse, innerhalb derer Einzelnes beschleunigt wurde. Heute ist doch alles ins Rutschen gekommen. Wenn Sie alles beschleunigen, läuft das

auf organisatorisches Kammerflimmern hinaus. Wie sonst hätte die Finanzkrise in dieser Massivität über uns kommen können?«
Rosas Buch endet mit einem vernichtenden Fazit: Rechtsstaat, Demokratie, autonomes Subjekt – die großen Errungenschaften der europäischen Aufklärung, die alle einen sehr langsamen, zähen Puls haben, werden in der allesverschlingenden Beschleunigungsturbine zerrieben, wir steuern auf die Selbstauslöschung zu, das Projekt der Moderne frisst sich am Ende restlos selbst auf.
Als ich ihn frage, ob er mittlerweile irgendetwas ändern würde an diesem apokalyptischen* Resümee, sagt er: »Ja. Ich glaube, dass es ein großer Wettbewerbsvorteil sein kann, langsam zu sein. Die Sparkassen, die vor der Finanzkrise als hoffnungslos abgehängtes Modell galten, haben überlebt. Aber sonst – es ist schwer, Optimist zu sein.«
Später, auf dem Rückweg zum Bahnhof Jena Paradies, nadelt der Nieselregen einen seiner unverständlichen Monologe auf den Schirm, und mir fällt dabei das schöne Poster ein, das an Hartmut Rosas Bürotür hing, das Schwarzweißfoto einer Frau, die mit einem Sonnenschirm in der Hand entspannt durchs Bild flaniert. Darüber standen die Sätze Rahel Varnhagens**: »Was machen Sie? Nichts. Ich lasse das Leben auf mich regnen.«

21. MÄRZ

Zwei Tage nach meinem Besuch in Jena fällt mir ein beeindruckender Beleg für Hartmut Rosas Behauptung von der Ersetzung der Benimmcodes durch den Schnelligkeitsdruck auf: Vor unserem Schuhschrank sehe ich morgens im Spiegel einen nervösen Mann, der mit fast schon knirschender Stirnfalte einem kleinen Mädchen dabei zusieht, wie es sich singend die Schuhe anzieht. Irgendwann blaffe ich S. an – jetzt nimm halt deine Handschuhe, leg die Haarspange endlich weg, und hast du deine Mütze, wir müssen längst weg sein –, und denke, das kann doch wohl nicht wahr sein,

* Von »Apokalypse« (Weltuntergang). Naja, Glücksgefühl klingt nach
** Deutsche Schriftstellerin (1771 – 1833).

da mache ich eine Art lebensreformerisches Projekt und schnauze trotzdem noch die Kinder an, sich zu beeilen.
Wir schreiben den Kindern selten vor, wie sie sich zu benehmen haben, wir sagen kaum je, dieses oder jenes dürfe man nicht, aber wir hämmern ihnen sicher fünfmal am Tag ein, dass sie nicht so trödeln sollen. Das Erziehungsmantra »Benimm dich!« ist der permanenten Aufforderung »Beeil dich!« gewichen. Wenn sie vor sich hinspielen, wirkt das manchmal, als säßen sie in der Zeit wie in einer kleinen Pfütze, aus deren Grund immer neu und still das Jetzt sprudelt. Nichts stört, nur ab und zu rufen diese Erwachsenen, die knietief im reißenden Strom der gestundeten Zeit stehen, mach endlich, wir kommen zu spät!
Unsere Erziehung trägt anscheinend Früchte, um unseren Sohn herum trocknet die kleine Pfütze Ewigkeit mittlerweile aus. Ich bringe ihn jeden Morgen zur Schule. Es ist derselbe Weg, den wir früher zum Kindergarten genommen haben. Damals eierte er gemütlich auf seinem Laufrad den Weg entlang und philosophierte über den lieben Gott am Fallschirm und den ganzen Rest. Einmal sagte ich: »Du bist ja schnell wie der Blitz«, worauf er mit gravitätisch ruhigem Selbstbewusstsein antwortete: »Nein. Ich bin langsam wie der Donner.« Heute ist er auf der Strecke immer ganz still, sagt kaum was, aber stellt Morgen für Morgen besorgt dieselbe Frage: »Wie viel Minuten hamm wir noch?«

22. MÄRZ

Ich sitze im ICE nach Hannover. Der Mann neben mir arbeitet am Laptop. Das tue ich auch, der Mann aber hat während der viereinhalbstündigen Fahrt seine zwei Mailboxen offen, sein digitales Fotoalbum, iTunes, mehrere Dokumente, das Netz natürlich sowieso und telefoniert fortlaufend. Ich weiß jetzt so ziemlich alles über ihn. Nicht weil ich das wollte, sondern obwohl ich das überhaupt nicht wollte. Keine Ahnung, ob der Mann Schriftführer im Verein für digitale Indiskretion ist oder ob er einen Augenschaden hat, jedenfalls besitzt er einen cinemascopisch großen Bildschirm, und alles Mögliche ploppt fortwährend in Riesenschriften hoch. Ich weiß, dass er Filme über Windsurfen liebt und gern Snowboardfahren geht, dass er 15 Jahre lang in einem viersilbigen, sehr fremden Land und dort in der Stadt X gelebt hat, weil seine Eltern mit ihm und seinen Geschwistern im Jahr Y dort hingegangen sind, ich weiß, wie seine Eltern und sein Onkel väterlicherseits heißen, was er und sein Vater beruflich machen, mit wem er alles via Facebook kommuniziert und bei welcher Firma er heute vormittag ein Vorstellungsgespräch hatte. Ich könnte sogar genau erzählen, warum er die Stelle nicht annehmen wird und wie viel er momentan verdient. Sollen wir jetzt beruflich weitermachen oder mit seinem Familienhintergrund? Aber gerne doch, immer reinspaziert in die intime Lebenswelt dieses mir vollkommen unbekannten Mannes: Er hat einen einjährigen Sohn, ich weiß, wie seine Frau beim Stillen im Garten aussieht, was sein Bruder und dessen Frau in den Sommerferien machen, wie seine Studenten heißen (er korrigierte nebenher deren Arbeiten, die digital auf seinem Rechner einliefen, Matthew S. wird gar nicht zufrieden sein mit seiner Note), und noch vieles mehr. Ja, ich weiß so viel mehr, dass mich der Mann sofort verklagen könnte, wenn ich hier alles offenlegen würde. Wie gesagt, ich bin nicht in den Zug gestiegen, um endlich mal zu erfahren, warum ein mir bislang gänzlich unbekannter Mann mit unangenehmem Musikgeschmack einen Job annimmt oder nicht. Im Gegenteil, ich habe schon vor Nürnberg als Abwehrzauber gegen das permanente Metal-Rhythmus-Gezischel aus seinen Kopfhörern und gegen seine Telefongespräche selber Kopfhörer aufgesetzt und Bach gehört und irgendwann Peter Lichts »Marketing« und Peter Fox' »Stadtaffe«, weil das besser zu meinem Zorn passte. Und ich habe ganze Landstriche lang zum Fenster rausgeschaut, einfach um das nicht alles mitzubekommen, und dachte dabei an das tolle »Google-Porträt«, das die französische Zeitschrift »Le Tigre« im März 2009 gemacht hat: Sie haben von einem x-beliebigen Menschen, der sich auf diversen Internetseiten präsentierte, einfach alle Informationen zusammengetragen, die der Mann von sich preisgegeben hatte. Der Text fing an, als schreibe Big Brother einen Brief: »Herzlichen Glückwunsch zum Geburtstag, Jules. Wir dürfen doch du sagen, Jules, oder? Du kennst uns zwar nicht. Aber wir wissen extrem viel über dich.« Es folgte ein nahezu lückenloses Porträt des Mannes, der derart geschockt war, dass er die Zeitschrift zunächst verklagen wollte, aber dann selbst einsah, wie absurd das gewesen wäre: All die Fakten – seine Adresse, seine Handynummer, seine Arbeit in einem Architekturbüro in Nantes, seine Hobbys, die Reisen der letzten Jahre, seine aktuelle Freundin und seine Verflossenen nebst zärtlichen Fotos – hatte er schließlich selber ins Netz gestellt.

23. MÄRZ

Einatmen. Ausatmen. Still sein. Es riecht leicht nach Weihrauch, so wie damals. Man hört draußen den Regen auf den Kies tropfen, so wie damals. Ich sitze auf einem schwarzen Kissen und schaue auf die Raufasertapete, in der ich schon damals nach wenigen Minuten des Sitzens immer Figuren zu erkennen glaubte, ein Reh, ein Auge, eine springende Frau. Gundula sitzt am Ende des Raumes, so wie damals, nur dass die Zeit während der letzten 15 Jahre in ihrem Gesicht an einer nieselfeinen Zitterzeichnung gearbeitet hat. Und meine Knie schmerzen, noch mehr als damals. Einatmen. Ausatmen. Mann, hab ich Hunger.

Das letzte Mal, dass ich 25 Minuten am Stück ruhiggehalten habe, war im Computertomographen. Ein Orthopäde machte zu Beginn des Winters ein Bild von meinem Knie und stellte fest, dass mein Innenmeniskus total zerfetzt ist. Heute stelle ich während der ersten 25 Minuten Sitzen einmal mehr fest, dass mein Aufmerksamkeitsvermögen total zerfetzt ist. Es gelingt mir auch nicht ansatzweise, meine Aufmerksamkeit auf meinen Atem zu lenken.

Einatmen. Ausatmen. Was mache ich hier eigentlich? Ich bin hergekommen, weil ich seit dem Februareintrag über das Zendo wieder oft an den stillen Winter hier gedacht habe. An das Sitzen. An Gundula. Und weil ich mich frage, ob ich jetzt, wo ich offline lebe, vielleicht zentrierter bin als sonst. Gundula erinnert sich bei einem kurzen Spaziergang durch den Garten, in dem ich seinerzeit täglich rumgewerkelt habe, an meinen mehrwöchigen Aufenthalt, »aber ehrlich gesagt dachte ich damals, dass du nicht so sehr wegen des Sitzens hier warst, sondern weil du nicht so recht wusstest, wohin mit dir im Leben. Warst zu jung. Jetzt ist das Alter für so etwas. Mit 40 fängt der Mensch an, wirklich zu suchen.«

Einatmen. Ausatmen. Geplapper. Man soll beim Sitzen alle Gedanken einfach vorbeiziehen lassen wie Wolken. Vielleicht zogen ja den mittelalterlichen Japanern, die den Buddhismus zum Zen verfeinert haben, ihre Gedanken schwerelos, rein und fern wie weiße Wolken durchs Gemüt. Meine Gedanken gleichen beim Sitzen eher diesen bräunlichklebrigen Fliegenfallenbändern, die über bayerischen Wirtshaustischen hängen, sie können noch so banal und doof sein, ich häng sofort daran fest und zapple dann mindestens so nervös herum wie ein angepapptes Insekt: Wie hieß noch mal der hagere Mann, der ganz vorne am Eingang sitzt, der war doch damals schon da, nur mit mehr Haaren. Einat … – Warum hat der eigentlich so komisch gekuckt heute morgen? Einatmen! Und nicht schon wieder schlucken, das hören doch alle. Nicht! Ausatmen. Jetzt achte doch endlich mal aufs Ausatmen. Nicht schon wieder schlucken. Bitte nicht!

Mein Körper rebelliert gegen die Stille auf geradezu neurotische Art und Weise. Mit Rotz und Wasser, im wahrsten Sinne des Wortes: Ich muss von der ersten Minute auf dem Kissen an panisch schlucken. Als würden in meinem Rachenraum mir bislang unbekannte Speichelschleusen geöffnet, riesige Spuckemengen scheinen unaufhaltsam meinen Gaumen hinunterrinnen zu wollen. Ich wusste nicht, wie monströs laut Schlucken klingen kann, wenn um einen herum 30 Leute unbeweglich schweigend dasitzen. Na großartig, da fahre ich 650 Kilometer Zug, um mich selbst beim Schlucken zu beobachten. Ein paar Minuten später fängt auch noch mein Magen an zu kollern. Ich wusste nicht, dass man sich auf solchen Ein-Tages-Retreats selbst versorgt, schließlich wurde man auf den mehrtägigen Sesshins, die ich früher besucht habe, gut bekocht. Ich hatte noch eine Banane und eine halbe Tüte Chips aus dem Zug übrig, an denen ich morgens, vor dem Sitzen, sparsam rumgemümmelt habe. Ein Mann fragte, ob ich was von seinen Broten und Äpfeln abhaben wolle. Wollte ich. Er teilte großzügig und sagte dann: »Musst mal auf die Homepage, da steht das drauf: Bettwäsche, Hausschuhe und Essen mitbringen.« »Ah«, sagte ich, »klar, hätte ich tun sollen.« Hausschuhe und Bettwäsche hatte ich auch keine dabei. Am Telefon hatte keiner was davon gesagt, schließlich geht man mittlerweile auch in abgelegenen Zendos davon aus, dass Interessenten auf die Homepage schauen. Kaum ist das Sitzen um, gegen vier Uhr nachmittags, wird das Schlucken wieder zum unauffälligen Hintergrundreflex.

24. MÄRZ

Die Grundschule unseres Sohnes teilt sich das Gebäude mit einer Berufsschule für Erzieherinnen. Während ich nach der Schule auf N. warte, kommen 30 bis 40 etwa 18-jährige Schülerinnen aus dem Gebäude. Bis auf drei haben alle ein Handy, einen iPod oder ein anderes Gerät in der Hand. Jaja, ich weiß, schwere Zeit, Postpubertät, Hormontsunami, Gruppenzwang. Aber das ist schon grotesk, wie sie alle aus der Tür rauskommen, mit dem Blick aufs Display, als würde jede von ihnen auf Anweisungen aus irgendeiner Zentrale warten. Die Szene ist so beeindruckend, dass ich am Nachmittag einen Rundbrief an alle Münchner Gymnasien und Realschulen schreibe, in dem ich sowohl die Lehrer als auch die Schüler frage, welche Auswirkungen ihrer Meinung nach das Internet auf das Konzentrationsvermögen und Lernverhalten hat. Ob das tatsächlich derart epochale Veränderungen mit sich bringe, wie viele vermuten. Und ob sie mit der Metapher von der Abhängigkeit etwas anfangen können.

25. MÄRZ

Ich habe gestern mein Zimmer bei Axel aufgeräumt und bin dabei auch durch all die Textstapel an Untersuchungen, Artikeln und

Büchern gegangen, die ich irgendwann im Januar kurzerhand vom Tisch geräumt hatte. Was für ein Wust. Dieser ganze Haufen ist das physische Pendant zu dem bescheuerten digitalen Horten und Raffen, Jagen und Sammeln, zu all den endlosen Nachrichtenfeeds, Mails, Songs, Videos, die ich normalerweise durch mich durchlaufen lasse.

Was passiert eigentlich mit all den Songs, die wir runterladen, ohne sie je anzuhören? All den Filmen, die wir aufnehmen? Schauen sich die Geräte nachts, während wir digitalen Messies unsere antiquierten Körper auf Stand-by stellen, für uns diese Materialmassen an und tauschen sich danach über uns aus? Bei meinem digitalen Fotoalbum bin ich mir fast sicher, dass es so ist: Wenn ich ein paar Minuten nichts schreibe, fängt mein Rechner an, Fotos aus meinem digitalen Album über den Bildschirm zu schieben. Der hat über die Zeit eindeutig merkwürdige Vorlieben entwickelt, warum sonst würde er immer und immer wieder diese unterbelichtete Serie zeigen, Bilder aus unserer Wohnung, in bizarren Ausschnitten, aufgenommen von einem ungefähr 110 Zentimeter großen Wesen, das sich anscheinend besonders für unscharfe Zwerghasen, Taschen in dunklen Zimmerecken und Kinderfüße in Socken mit Loch am großen Zeh interessiert?

30. MÄRZ

Der vierte Monat ist fast um, zwei Drittel sind vorbei, morgen geht's zurück in die Zeitung. Vielleicht ist es nicht so sehr die internetfreie Zeit als vielmehr die insgesamt freie Zeit, die guttut. Die Monate zu Hause. Die mit B. und den Kindern vertrödelte Zeit. Und das ruhig getaktete, tägliche Gebossel an diesem Tagebuch: Als nage man an einem brontosaurieroberschenkelgroßen Knochen herum.

Ein paarmal verspürte ich an den letzten Abenden, nach einem Tag des Schreibens und Lesens, auf dem Heimweg überrascht ein stilles Glücksgefühl. Naja, Glücksgefühl klingt nach Jubel und Ekstase, das wäre zu viel, zu laut, eher war es ein Gefühl der Stille: Als würde ich durch den freundlich moderaten Feierabendtrubel unseres Viertels eine unsichtbare Schale klaren Wassers tragen. Als würden sich die Tage wieder anders mit Zeit vollsaugen. Aber auch das dürfte eher mit der rundum selbstbestimmten Zeit zu tun haben als nur mit dem digitalen Fasten. Ohne das Fasten freilich hätte die Zeit wahrscheinlich längst nicht diese Qualität.

APRIL

Der Proband muss seine Mutter trösten, die glaubt, dem Internet schweren Schaden zugefügt zu haben. Er entdeckt, dass die Gegenwart schrumpft, und denkt, während er den Kindern auf einem Bauernhof zusieht, über Esel nach.

1. APRIL

Im Straßenbahnhäuschen am Hauptbahnhof sitzen zwei Männer. Obwohl sie einander überhaupt nicht ähnlich sehen, merkt man an der einträchtigen Genervtheit, in der sie nebeneinandersitzen, dass sie Vater und Sohn sind. Der Junge nimmt ein anscheinend neu gekauftes Handy aus der Verpackung und fängt an, darauf herumzudrücken. Der Alte hat eine prallgefüllte Plastiktüte auf seinem Schoß stehen, deren Außenseite er so behutsam und gleichmäßig streichelt, als sei darin ein flauschiges Haustier. Er sagt zu dem Jungen:

»Kannst jetzt damit schneller telefonieren als vorher?« »Logisch.« »Und wennst nix zum Sagen hast, hast dann damit mehr zum Sagen?« »Mei Papa, ich brauchs wegen dem Navi.« »Wasd auch imma umanandafahren …«

Der Rest geht unter im Bremsen einer Straßenbahn.

George Boas* schrieb 1932, die Menschen hätten meist gar nichts gegen Maschinen an sich, sondern nur etwas gegen neue, ungewohnte Maschinen: »Ich selbst stänkere gegen Automobile und sehne mich nach dem guten alten Fahrrad. Segler schimpfen auf Dampfschiffe, Dampfschiffe auf Motorboote. Und ich weiß noch, wie alte Leute über die neue Erfindung des Telefons lästerten. Ihre Kinder wettern heute mit genau denselben Worten gegen die neuartigen Wähltelefone.« Zwei Jahre bevor Boas diese Sätze schrieb, hatten die amerikanischen Senatoren in empörtem Ton verfügt, dass die brandneuen Wähltelefone, mit denen der Senat kurz zuvor ausgestattet worden war (die eindeutig eine Verbesserung

---

* US-amerikanischer Philosoph (1891–1980).

darstellten, weil man dadurch endlich nicht mehr auf die Vermittlung angewiesen war), umgehend durch alte Apparate ersetzt werden. Begründet wurde der Schritt damit, dass die neuen Apparate schwerer zu bedienen seien als die alten und die Senatoren durch die neuen Apparate gezwungen wären, die niederen Arbeiten einer Vermittlungssekretärin auszuführen.

Eine Generation zuvor kann man genau dasselbe in Grün beobachten: Nachdem Alexander Graham Bell das Telefon erfunden hatte, ging er damit zu Samuel F. B. Morse, in der Hoffnung, dass der ihm die Rechte für das Patent abkaufen würde. Morse aber fand die neue Maschine vollkommen nutzlos, er und seine Mitarbeiter bei Western Union lehnten die absurde Erfindung einstimmig ab: »Bells Apparat benutzt nichts als die menschliche Stimme, die man nicht konkret zu fassen bekommt. Wir überlassen es Ihrem eigenen Urteil, ob irgendein Mensch, der bei Verstand ist, seine Geschäftsangelegenheiten mittels eines solchen Apparates übertragen wollen würde. Alles in allem kommt das Komitee zu dem Schluss, sich gegen jedwedes Investment in Bells Erfindung auszusprechen.«

Kurzum: Die Welt war immer schon eine permanente Anpassungszumutung. Kaum hat man sich an etwas gewöhnt, kommt etwas Neues daher. Was man natürlich erst mal für vollkommen nutzlos, überflüssig oder schädlich hält. Die Veränderungsrate ist nur mittlerweile so schnell geworden, dass selbst 25-Jährige permanent staunend davorstehen und es kaum fassen können, was nun wieder Neues möglich ist, ja, seit einigen Jahren kann einen das Gefühl beschleichen, permanent in einem Science-Fiction-Film unterwegs zu sein.

Umgekehrt gibt es diese rührende Erfahrung beim Filmeschauen, dass Action- oder Science-Fiction-Filme, die ja ihre hypermodernen Waffen oder Computergadgets oftmals mit fetischhaftem Stolz präsentieren, gerade an genau diesen technischen Hilfsmitteln, die glitzerndes Symbol der Zukunft sein sollen, den ersten Rost ansetzen: James Bonds Anzüge sitzen immer noch perfekt, die Frauen sind geschmeidig und extrem appetitlich, aber die Instrumente, in die Q ihn da jeweils voller Stolz einweist, haben etwas fast schon rührend Altväterliches.

Zu Beginn meiner analogen Einzelhaft witzelte ich mit Freunden, dass ich mich nach dem halben Jahr wahrscheinlich gar nicht mehr alleine auskennen werde im Netz, orientierungslos durch all die neuen Seiten irren und einen Zivi für die digitale Resozialisierung brauchen werde. Schließlich folgt im Netz ein Umbruch auf den nächsten, nirgends kann man die von dem Philosophen Hermann Lübbe konstatierte »Gegenwartsschrumpfung« so gut, so drastisch beobachten wie in der Computerwelt. Wer Prognosen über das Netz machen möchte, kann sich eigentlich nur blamieren. Als der Hessische Rundfunk 1996 eine Sendung über das Internet ausstrahlte, kam ein Marketingexperte zu Wort, der sehr begeistert war von dieser technischen Neuerung, der aber auf die Frage, ob das Netz je zum »Massenmedium« avancieren könne, kategorisch sagte, das sei »ja schon aufgrund der technologischen Beschränkung unmöglich. Außerdem bekommt man dort kein richtiges Programm geboten, sondern muss sich seine Sachen mühsam zusammensuchen. Und es steht wenig Nützliches darin, was man für den Alltag brauchen könnte.« So kann man sich irren.

Lübbe meint mit dem Begriff der Gegenwartsschrumpfung die Beobachtung, dass der Zeitraum, für den eine Erfahrung oder Wahrheit gilt, in den vergangenen Jahrhunderten immer kürzer wurde. Da die Zahl der Erfindungen und Neuerungen permanent zunimmt, wird die Vergangenheit, auf die man zurückblicken kann als eine Zeit, die der unseren gleicht, immer kürzer. Vieles, was gerade mal 40 Jahre alt ist, starrt uns mittlerweile so fremd an wie Keilschriften, die 4000 Jahre unterm Wüstensand lagen: Als Ingenieure der NASA Mitte der Neunzigerjahre nachschauen wollten, wie ihre Vorgänger in den Sechzigern die ersten Raketen programmiert hatten, mussten sie feststellen, dass die mehr als 1,2 Millionen Magnetbänder aus 30 Jahren Raumfahrt, insbesondere all die Bänder der Pioniersonden und frühen Mondmissionen, nicht mehr lesbar sind. Zum Teil lag das an schlechten Lagerungsbedin-

gungen, vor allem aber gab es keine Magnetbandgeräte mehr mit einer entsprechend niedrigen Schreibdichte.
Das ist schon beeindruckend: Sie haben damals mit dieser Technik die Voyager-Sonde losgeschickt, in der ein Potpourri unserer Kulturgeschichte und unseres Lebens hier auf Erden liegen, Leonardos Mensch, über hundert Musiktitel, Diagramme von befruchteten Eizellen, Krokodilfotos, ein Klassenzimmer, chinesisches Abendessen, Sonnenuntergang … All das soll gelesen und verständig interpretiert werden von fremden Wesen, die, so es sie denn gibt, in Millionen Lichtjahren Entfernung leben und deren kulturelle Codes sich von den unseren doch hier und da unterscheiden dürften. Wir selbst aber sind nicht in der Lage, 40 Jahre nach dem Start dieser Sonde deren von Menschen erdachten Quellcode zu entziffern.
Die Gegenwart schrumpft in Lübbes Beobachtung aber nicht nur von der Vergangenheit her: Aufgrund der Innovationsverdichtung und der damit einhergehenden Veraltensgeschwindigkeit gilt das Bestehende auch für immer kürzer werdende Zukunftsräume. Wer heute sein Leben zehn Jahre im Voraus entwirft, braucht dringend lebenstechnischen Nachhilfeunterricht; die Berufe, in denen die heutigen Studierenden einst arbeiten werden, sind noch nicht mal erfunden, wenn sie ihren Bachelor machen.

4. APRIL, OSTERSONNTAG

Wir sind über die Feiertage auf dem Blaslhof, einem Bauernhof in der Nähe des Staffelsees. Die Kinder sind früh eingeschlafen, die frische Luft, die Tiere, das viele Rumrennen haben sie müde gemacht, B. und ich liegen im Bett und reden, das heißt, mir hängt mal wieder ein Tonband aus dem Mund mit der uralt vor sich hinleiernden Kassette, Schreibqualen, Schreibqualen, Schreibqualen. Während ich so vor mich hinjammere, will ich Miles Davis' »Kind of Blue« auf iTunes rüberziehen. Der Rechner zeigt an, dass er für das Überspielen von »So What« fast eine Minute braucht. Ich rufe: »So lange?«, und drücke nervös auf einigen Tasten herum, das kann doch gar nicht sein, für einen Titel. B. sagt: »Stundenlang bist du heute draußen rumgestanden und hast dich kein einziges Mal darüber beschwert, dass irgendwas zu langsam geht.« Stimmt. Stundenlang. Bei den zotteligen Eseln Pedro und Mishima, die die Kinder mit fast schon religiöser Inbrunst gestriegelt haben. Am Rande des Spielplatzes. Bei den Pferden. Die Zeit verlief wie ein Eis in der Sonne, träg, konturlos, zähflüssig, und alles war gut. Und dann werde ich nervös, wenn mir mein Rechner sagt, dass er für irgendwelche niederen Knechtschaftsdienste 51 Sekunden braucht. Eine extreme Form der Gegenwartsschrumpfung … Mit Internet war es noch schlimmer. Da gab es diese Nanosekundennervosität. Hochfahren, Programme starten, Mail mit großem Anhang schicken – kaum funktionierte irgendetwas nicht im allerersten Moment, dachte ich, was ist denn da jetzt wieder los, und hämmerte auf die Tastatur ein.

11. APRIL

Viele fragen, wie ich es so lange aushalte, so ganz ohne das Weltwissen des Netzes. Gern werden dann Anekdoten angefügt, was man gerade erst wieder Verrückt-Abseitiges gefunden habe auf irgendeiner speziellen Wissensseite, das sei ja so lustig respektive crazy. Um mal dagegenzuhalten, hier ein Packen ganz und gar abseitigen Wissens, alles soeben aus meinen analogen Tagebüchern von Indienreisen, Frankreichradtouren und aus den ersten Vaterjahren zusammengesucht: Im nordindischen Darjeeling gibt es einen Wegweiser, auf dem »Hitler's Telescope« steht. Im südindischen Chennai wurde 1998 innerhalb von 24 Stunden ein Dreistunden-Bollywood-Spektakel gefilmt; vier oder fünf Teams haben parallel gedreht, nach 23 Stunden und 50 Minuten war die letzte Szene im Kasten. Wenn man ein paar Kilometer hinter dem südfranzösischen Dorf Anduze, kurz vor dem ersten Cevennen-Anstieg, Rast macht, riecht es dort an einer ganz bestimmten Stelle, unter einer Kiefer, die sich so merkwürdig nach vorne beugt, als betrachte sie verwundert ihr eigenes Wurzelwerk, nach wildem Honig. Und

wussten Sie schon, wie die Bäume entstanden sind? Hat mir mein Sohn mal erklärt, auf dem Weg zum Kindergarten, als im Herbst die Blätter fielen: »Weißt du Papa, als die Dinosaurier ausstarben, da mussten sie darüber so weinen, dass ihre Augen zu Tränen wurden. Und die Augen sahen aus wie Blätter und fielen auf den Boden, und daraus sind dann die Bäume entstanden.«
Ich habe einige der Tagebücher gestern zum ersten Mal seit ihrer Entstehung wieder durchgeblättert. Was für Schätze! Jean Paul* schrieb mal, die Erinnerung sei das einzige Paradies, aus dem wir nicht vertrieben werden können. Tagebücher sind der Humus für all unsere paradiesischen Erinnerungen.
Seit ich am Blackberry-Tropf hing, ist mein Tagebuchschreiben total eingegangen, nicht mal den Kinderalltag habe ich mehr mitstenografiert. Ich sage nicht, dass das für alle Menschen gilt, Axel beispielsweise schreibt täglich Tagebuch, seit 30 Jahren, er hat sich das ins digitale Zeitalter herübergerettet, bei mir aber fiel das eine mit dem anderen zusammen, totale Jetzigkeit und Amnesie in digitalis. Insofern: Nicht so schlimm, Leute, dass ich all die lustigen Sachen und Youtube-Videos nicht sehen kann. Ich schreib dafür endlich wieder Tagebuch. Zum Beispiel über den gestrigen Nachmittag:
Radfahren hat etwas unüberbietbar Vegetatives. Treten, atmen, kucken. Treten, atmen, rollen. Treten, atmen, treten: Stille Stammhirnfreuden. Der Geruch von nasser Erde, die weiche Luft, der Vogelgesang nach fünf Monaten Winterstille, dieser irrsinnig blaue Himmel, der hinter den Ästen wie der Goldgrund hinter Ikonenbildern glänzt, das tapfere Chlorophyll, das jedes Jahr ganz von vorn anfängt – all das wirkt, als würde man die Seele aus einem dunklen, muffigen Schrank holen.
Ich radle mit den Kindern zu meinen Eltern, unten an der Isar lang. Auf der Fahrt fragt S., ob sie mal wieder Maulwurf anschauen könne. Sie meint die Geschichten um den kleinen Maulwurf, tschechische Zeichentrickepisoden aus den Sechziger- und Sieb-

* Deutscher Schriftsteller (1763–1825).

zigerjahren, die ich den Kindern manchmal auf Youtube gezeigt habe.

»Das geht leider nicht, ich kann momentan auf meinem Computer gar nichts anschauen, sondern nur Texte schreiben.«

»Warum denn?«

»Ich habe das Internet abgestellt und komme deshalb nicht an diese Filme ran.«

»Welches Internat?«

»Internet, nicht Internat. Internet. Da sind die Computer von ganz vielen Leuten miteinander verbunden, und diese Verbindung funktioniert wie ein riesiger Marktplatz, von dem man sich alles auf den eigenen Computer holen kann.«

»Gibt's da auch Kleider?«

»Ja, man kann da sogar Kleider kaufen, aber vor allem kann man sehr viel anschauen, den Maulwurf zum Beispiel.«

»Kannst du mir da mal Kleider zeigen?«

»Ja, kann ich, aber erst wieder in ein paar Wochen, im Moment hab ich es abgeschaltet.«

N. schaltet sich ein: »Von meiner Klasse waren schon ein paar im Internet. Aber ich glaub denen das nicht, da hätten wir die doch beim Maulwurfkucken gesehen, wenn die da drin gewesen wären.« Ich hebe an zu erklären, metaphorisches Sprechen, nicht wahr, deine Klassenkameraden sind da nicht im physischen Sinne drin, aber N. sagt, noch bevor ich den ersten Satz vollenden kann: »Mann, Papa, war'n Witz.«

12. APRIL

Den gestrigen Tagebucheintrag sollte ich schleunigst wieder löschen, das klingt ja, als hätte ein verlogenes internationales Unternehmen, das analogen Alltag in kleinen, überteuerten Tüten verkauft, einen Werbespot gedreht, am Ende sieht man mich mit meinen für die harmonische Message missbrauchten Kindern aus dem Bild radeln, und eine ruhige Männerstimme sagt: »Geh offline, und dein Leben wird zum langen, ruhigen Fluss.«

Ja, es gibt schöne Momente. Gleichzeitig bringt der Musiker Fred Frith in einem meiner Lieblingslieder einen meiner Lieblingssachverhalte ziemlich beeindruckend auf den Punkt: »Same old fucking problems, same old shit, same old me.« Würde ich hier täglich die immergleichen Telefonate beschreiben, in denen ich erkläre, nein, tut mir leid, ich kann Ihnen nicht mailen, nein, Sie mir auch nicht, das ist ja der Witz; würde ich die immergleiche Mühsal beschreiben, die es macht, den Alltag infrastrukturell am Laufen zu halten, jeder würde nur gähnend sagen, dann lass es halt bleiben mit deinem beknackten Experiment. Aber als Kondensat muss man's doch ab und zu erwähnen: Kein Netz bedeutet eine Arbeitsverkomplizierungszumutung, die einige Kollegen nach vier Monaten nur noch unter Aufbietung ihrer letzten Ironiereserven zu ertragen bereit sind. Ich bin Mitglied im Redaktionsausschuss, einem Gremium, das regelmäßig tagen muss, Papiere entwirft, einander Mail-Entwürfe hin- und herschickt, ah, Moment, aber wer bringt dem Alex diesmal einen Ausdruck vorbei? Ach, der hat wieder seinen freien Monat? Kann man dem denn wenigstens was faxen? Auch nicht!?

Den Sommerurlaub mit einer befreundeten Familie muss diese Familie ganz alleine organisieren, ich kann schließlich keine Häuser im Netz anschauen. Meiner Frau aber kann ich schlecht sagen, dass sie sich ihr Geburtstagsgeschenk, drei Tage Lissabon, doch bitte selber im Netz organisieren soll. Also betrete ich erstmals im Leben die fremde Welt eines Reisebüros. Muss sagen, gar nicht schlecht, man wird kompetent beraten und richtiggehend umsorgt.

Bei der Auskunft könnte ich mittlerweile Mengenrabbat beantragen. Wundert mich eigentlich, dass sie da nicht sagen, ah, da ist ja unser Vollpfosten ohne Netz, ich stell Sie gleich durch an die Serviceabteilung. Die Post verdient auch sehr gut an mir, alle paar Tage kaufe ich Briefmarken nach, trotzdem sind sie dauernd alle. Ich kann mir nicht im Nachhinein auf Youtube die vier Messi-Tore aus dem Viertelfinal-Rückspiel Barcelona gegen Arsenal anschauen.

Und ich könnte mittlerweile professionelle Beratung über stoßfeste USB-Sticks zwecks postalischem Versand anbieten. Vier meiner USB-Sticks sind futsch, einer kam verbogen zurück, drei gingen verloren, was beim ersten Mal zu Panikattacken führte, nachts wachte ich auf und wusste ganz sicher: Der Umschlag ist beim Postamt aufgegangen, der Aushilfsbote, der in seiner Freizeit beim »Chaos Computer Club« mitwerkelt, hat den Stick gefunden, geöffnet und mein Tagebuch ins Netz gestellt. Mittlerweile nehme ich das Verschwinden dieser Sticks als Naturgesetz hin, mit denen ist es anscheinend wie mit Schnullern, man hört irgendwann einfach auf, sich zu fragen, wo die nun schon wieder alle hin sind, und kauft klaglos neue.
Was aber richtig schön ist: Da ich nicht mehr bei Amazon meine Bücher bestellen kann, lerne ich verschiedene Münchner Buchhändler kennen und bleibe irgendwann bei einem Laden am Isartor hängen, in dem man Tee angeboten kriegt und auf knarzenden Stühlen in Ruhe lesen kann.

16. APRIL

Ich frage mich mittlerweile, wie ältere Menschen, die kein Netz haben, ihre Alltagsorganisation überhaupt noch hinbekommen. Tun sie wahrscheinlich gar nicht: Da ja die analoge Welt mehr und mehr im Netz versickert, schaffen sich viele, die noch vor wenigen Jahren dachten, das brauch ich auf meine alten Tage wirklich nicht mehr, doch noch einen Internetzugang an. So auch meine Eltern. Die hatten immer schon Probleme, unsere Stereoanlage oder den Videorekorder in Gang zu setzen und sind den Tücken des Computers nun wehrlos ausgeliefert. Kaum bewegt man den Cursor irgendwohin, verschwindet wieder was vom Bildschirm. Und wo muss man diese Freenet-Adresse noch mal reinschreiben? Heute rief meine Mutter ganz zerknirscht an. Mein Bruder hatte ihr eine Mail mit einem Anhang geschickt, irgendetwas war beim Öffnen schiefgegangen, jetzt sagte sie im Ton eines schweren Geständnis-

ses: »Alex, mir ist was ganz Blödes passiert, ich glaube, ich habe gerade das Internet gelöscht.«
Meine Mutter war immer schon eine starke Frau. Das aber hätte ich ihr nicht zugetraut. Das Internet gelöscht, mit einem Knopfdruck! Was würde wohl in diesem Fall passieren? Einen ganz zarten Vorgeschmack für den dann ausbrechenden kollektiven Wahnsinn gab es am 21. April 2009. Der Tag hätte ein Fest der Freiheit werden können; ein Tag der Stille und inneren Sammlung; ja, ein nationaler Tag des autonomen Ichs! An besagtem Tag hat ein heldenhafter Telekom-Angestellter das Dauergeschnatter auf allen Kanälen nicht mehr ausgehalten und einfach mal für radikale Ruhe gesorgt, indem er für fünf Stunden das System heruntergefahren hat (angeblich aus Versehen). Für 29 Millionen Telekom-Kunden ging an diesem Tag ein fünf Stunden großes Zeitfenster auf, durch das man auf nichts als auf Stille und Muße hätte blicken können. Stattdessen hackten alle wie besinnungslos auf ihre Handys ein und deckten dann umgehend das Unternehmen mit Beschwerde-Mails ein. Ein Empörungstsunami rollte übers Land, Unternehmer verklagten die Telekom, weil sie wichtige Geschäftspartner nicht erreicht hatten, aufgelöst jammerten Menschen in eilends zusammengeschusterten Sondersendungen, sie fühlten sich wie amputiert.
Nun also das gesamte Internet. Arme Mami. Die bräuchte Polizeischutz. Nur dass es leider keine funktionsfähige Polizei mehr gäbe, die koordiniert mittlerweile schließlich auch alles übers Netz. Es wäre wahrscheinlich, als würde man dem Globus die spinalen Nervenleitungen durchschneiden, ein paar spastische Gigazuckungen, Aktien- und Finanzmärkte binnen Minuten in Trümmern, Flugzeuge fallen vom Himmel, Kontinente taumeln, der Mensch verschwindet im Holozän und die »Bild«-Zeitung titelt in ihrer letzten Ausgabe: »Frau Rühle, was haben Sie sich nur dabei gedacht?«

17. APRIL

Dass ich kein Handy habe, ist am einfachsten zu verkraften. Momentan schau ich immer, dass ich Kleingeld dabeihabe, falls ich mal telefonieren muss. An einer Zelle am Sendlinger Tor klebte gestern ein wunderbar rätselhaftes Post-it: »Käse, Leinsamen, Obst (keine Birnen). Sex: Wenn der Mensch keinen hätte, wäre Schluss.« Dahinter stand noch eine Zahlenkombination, wahrscheinlich eine Telefonnummer. Vielleicht sollte man die anrufen. Solcherart glänzen die Alltagsrätsel im Leben einer analogen Existenz.

21. APRIL

Immer wieder Suchtgeständnisse. Wobei man bei einem echten Geständnis ja meist zerknirscht ist, verzweifelt über das, was man getan hat. Die Leute erzählen mir, sobald sie von meinem Experiment erfahren, eher amüsiert von ihrer jeweiligen Zwangsmacke: Die Bekannte, die täglich bei Ebay auf Schnäppchenjagd geht, obwohl sie gar nichts dringend braucht. Der Arbeitskollege, der gerade ein Buch geschrieben hat und jetzt zwanghaft sein Amazon-Ranking kontrolliert. Der Bekannte, der sagt, er habe in den vergangenen vier Jahren 3600 Stunden in dem sozialen Netzwerk Gayromeo verbracht. »Wow«, sage ich, »das sind 900 Stunden im Jahr, also zweieinhalb Stunden am Tag.« Er stutzt: »Moment, nein, das kann nicht sein … Hmm, vielleicht hast du recht.«

Wie gesagt – all das wird belustigt berichtet, klar ein zeitaufwendiger Spleen, aber das Leben wird davon nicht generell eingetrübt, und es macht ja auch Spaß. Gar nicht zu vergleichen damit sind die Erzählungen von »World of Warcraft«-Opfern. Von Florian zum Beispiel, der in Wirklichkeit anders heißt, ein Informatiker um die 30, der sich mit mir im Café Gap trifft und erzählt, dass er vier Jahre lang 24 Stunden am Stück an nichts anderes dachte als an dieses Spiel. »Auf dem Heimweg von der Arbeit habe ich die nötigen Verrichtungen zu Hause wie eine Choreographie durchgeplant, damit ich möglichst schnell am Rechner sitze, es ging mir um Sekunden. Haustür auf, Schuhe aus, Brot schmieren, aufs Klo – kommt ganz schlecht, wenn du während des Spiels plötzlich musst – und dann endlich, endlich wieder rein ins Spiel, den ganzen Abend. Ich hatte nie das Gefühl, zu viel zu spielen, sondern immer nur zu wenig.« Er hat vier Jahre lang gespielt und es dann, nach zwei vergeblichen Versuchen, geschafft, auszusteigen. »Ich war nonstop nicht bei mir, sondern in der virtuellen Welt, selbst beim Wandern in den Bergen habe ich permanent an die Gilde gedacht. Das wollte ich irgendwann nicht mehr.«

Auch zwei Jahre nach dem Ausstieg sagt er, es falle ihm schwer, für irgendetwas wirklich Interesse aufzubringen. »Früher, vor meiner ›World of Warcraft‹-Zeit, hatte ich das, was man Hobbys nennt: Hab viel gebastelt und gelötet, Tischtennis gespielt oder Fußball. Während der Jahre des Spielens war nicht daran zu denken, das wäre absurde Zeitverschwendung gewesen. Aber auch heute, zwei Jahre nach dem Aufhören, kommt mir das alles fahl vor. Hab's versucht, aber ich bin nicht mehr darin versunken wie früher, das macht nicht mehr denselben Spaß. Es ist alles wie ausgebleicht.«

Ich hatte Florians Nummer von Hirtes bekommen, einem Münchner Ehepaar, das eine Selbsthilfegruppe ins Leben gerufen hat, weil es seinen eigenen Sohn verloren hatte. So drücken sie es selber aus. Der Junge war ganz und gar in dem Spiel verschwunden. Sie hatten drei Jahre keinerlei Kontakt zu ihm. Er war gerade als Student nach Norddeutschland gegangen und bekam einen Job angeboten, als Beta-Tester für »World of Warcraft«. »Da hat es ihn weggerissen,« sagt sein Vater. Als es immer schwieriger wurde, ihn zu erreichen, dachten sie zunächst, das sei die normale Abnabelung während des Studiums. »Andererseits«, sagt die Mutter, »andererseits hätten wir da schon misstrauisch werden sollen. Dass er sich bei uns nicht meldet, na ja gut. Aber er liebte seine beiden kleinen Brüder sehr. Und plötzlich war Funkstille.«

Eines Tages kam ein Anruf von der Hausverwaltung, die seine Studentenwohnung mitbetreute. Sie müssten da dringend rein, wegen eines Wasserschadens. Es mache aber keiner auf. Ob sie als Eltern die Genehmigung erteilen. »Eine halbe Stunde später haben die wieder angerufen und gesagt, sie würden sich weigern, diese Wohnung zu betreten.« Die Wohnung lebte, Ungeziefer, Maden, Müll. Und ihr Sohn lebte woanders: Bei einer Frau, in deren Avatar er sich in der Warcraft-Welt verliebt hatte. Die beiden lebten zusammen. Das heißt: Sie spielten zusammen. Einmal die Woche ging einer der beiden raus auf die Straße, um Einkäufe zu tätigen. Ansonsten: Das Spiel. Die Eltern setzten sich ins Wohnzimmer der beiden und sagten, sie würden bleiben, bis er mitkomme. »Nach einer Stunde gab er nach, packte eine Tasche und kam mit. Auf dem Weg nach München sagte er, ja, vielleicht sei er tatsächlich ein wenig abhängig. Als wir ihm nahelegten, eine Therapie zu machen, hat er seine Tasche genommen und ist gegangen. Das Spiel war stärker. Das war ziemlich genau vor drei Jahren. Er saß auf dem Stuhl, auf dem Sie jetzt sitzen. Wir haben ihn seither nicht mehr gesehen.« Der Sohn ging zurück ins Spiel. Sie stellten alle Zahlungen ein, »sonst hätten wir ja nicht ihn, sondern nur seine Sucht unterstützt«. Ihm scheint's egal gewesen zu sein. Er exmatrikulierte sich, beantragte Hartz IV und spielte auf Staatskosten. Da sie nirgends kompetente Hilfe für dieses Problem fanden, gründeten Hirtes den Verein »Aktiv gegen Mediensucht«. Sie haben mir vor dem Besuch einen Packen Einträge von Besuchern ihrer Homepage ausgedruckt, Bekenntnisse von ehemaligen Spielern, die alle von der Wucht, dem Sog, der enormen Kraft dieses Spiels zeugen: Eltern, die erzählen, dass Kinder nur mit ihnen in Urlaub fahren, wenn sie ihnen vorher schriftlich zusichern, dass sie im Hotel jederzeit ins Netz können. Mütter, die Trinkflaschen voller Urin in den Schränken ihrer Kinder finden, weil es Zeitverschwendung wäre, aufs Klo zu gehen. Ehemalige Spieler, die sagen, da komme man nur raus, wenn man alle Passwörter von jemand anderem ändern lasse, die CD verbrenne und dann gute Freunde als Betreuer für die ersten harten Wochen engagiere. Hirtes sagen, ihr Sohn habe sich vor einigen Monaten erstmals wieder bei ihnen gemeldet, in einem Brief. Sie seien vorsichtig optimistisch, dass sie ihn noch in diesem Jahr wiedersehen können.

Als ich bedrückt nach Hause radle, frage ich mich, warum ich in meinem Tagebuch überhaupt immer von Abhängigkeit rede. Mein Mailen und Surfen war eine fatale Routine, ausgelöst durch Arbeitsstress, Narzissmus und noch so ein paar seelische Ingredenzien. Aber ich sollte vielleicht aufhören, von Sucht zu reden. Zumal ich offline wunderbar klarkomme. Ausgebleicht ist gar nichts, das Leben ist farbintensiver als zuvor. Und auch der anfängliche cold turkey, vor dem ich mich so fürchtete, war doch am Ende nur eine Art Alltagsblues. Ich habe allerdings Angst davor, wieder online zu sein. Wenn ich da wieder in meine alten Muster zurückfalle – ist das dann doch Sucht?

22. APRIL

Ein Kollege kommt vorbei und sagt: »Jetzt hör mal wieder auf mit dem Scheiß. Das nervt. Du bist so weit weg. Jedes Mal wenn ich was von dir will, muss ich in deinem Büro vorbeikommen. Das hat so was enorm Gravitätisches. Als ob man was Wichtiges zu besprechen hat.« Ganz ähnlich begründen einige die Tatsache, dass sie mir die ganze Zeit über keine Briefe geschrieben haben. Alle sagen sinngemäß, das Angenehme am Mailen sei, dass es einem unverbindlichen Gespräch ähnele. Ein Brief hat dagegen etwas Definitives: Was ich geschrieben habe, ist jetzt meine Position, selbst wenn sie's vorher nicht war. Und dann klebt man den Brief zu und gibt ihn für immer weg, in den Briefkasten. »Die Mail ist so ein diffuser Strom, der hin- und herwabert, alles ist permanent vorläufig, man kann ja danach hinzufügen, richtigstellen, ändern«, sagte einer. »Beim Brief fühlt es sich an, als beugten sich immer ein unsichtbarer Deutschlehrer und ein strenger Notar über meine Schulter.«

24. APRIL

Die Kommunikationswissenschaftlerin Miriam Meckel hat vor drei Jahren ein Buch veröffentlicht, das im Titel recht vollmundig »Wege aus der Kommunikationsfalle« und darüber hinaus auch noch das »Glück der Unerreichbarkeit« versprach. Drei Jahre später schreibt sie nun ein Buch über ihre Burn-out-Erfahrung. Schon die Abfolge dieser beiden Bücher zeigt: Am Netz allein kann's kaum liegen. Es scheint ihr nicht die Bohne gelungen zu sein, die Ratschläge aus ihrem ersten Buch in ihr eigenes Leben zu integrieren. Beeindruckend an Meckels »Brief an mein Leben« ist die Szene des Zusammenbruchs, die zeigt, dass sich manche Abläufe bei uns digitalen Junkies bis in die tiefste Verhaltens-DNA eingebrannt haben. Selbst wenn nichts mehr geht, Internet geht immer: Meckel hatte sich bereits wochenlang nur noch mühsam durch ihren hochtourigen Alltag geschleppt. Bis Körper und Geist eines Morgens total blockierten. Sie hätte eigentlich dringend für eine Reise packen müssen, stand aber nur noch apathisch vor ihren offenen Koffern. Ein grauenhaftes Gefühl der Lähmung muss in ihr hochgekrochen sein. Da setzte sie sich in einer absurden Übersprungshandlung an den Rechner und – checkte Mails. Das ganze System war bereits kollabiert. Nur zwei Sachen funktionierten noch: Atmen und Mailbox-Öffnen. Als sie dann sah, dass sie 50 ungelesene Mails bekommen hatte, brach sie vollends zusammen und kam in die Klinik.

Apropos, was sagt eigentlich der »Pschyrembel«* zu meiner Abhängigkeit? Na wer sagt's denn: »Sucht – a) körperlich …« – ne, so schlimm war's ja nun wirklich nicht –, »… b) psychisch«. Okay. Symptome, Symptome, Symptome, ah hier: »gekennzeichnet durch starkes, gelegentlich übermächtiges oder zwanghaft auftretendes Verlangen, eine Substanz zu konsumieren, um sich positive Empfindungen zu verschaffen oder unangenehme zu vermeiden; verminderte Kontrollfähigkeit über Beginn, Beendigung und Menge des Substanzgebrauchs einschließlich erfolgloser Versuche, diesen zu verringern; Einengung und Anpassung der Alltagsaktivitäten auf die Möglichkeit oder Gelegenheit zum Substanzkonsum; Vernachlässigung wichtiger sozialer oder beruflicher Inter-

* Medizinisches Nachschlagewerk; für den Bereich der Medizin so wichtig wie der »Duden« für die deutsche Sprache.

essen; fortgesetzter Substanzgebrauch trotz Wissens über dessen schädliche Folgen.«

Beeindruckend. Nach dieser Definition war ich tatsächlich süchtig: das starke, zwanghaft auftretende Verlangen, ins Netz zu gehen, die verminderte Kontrollfähigkeit über Beginn, Beendigung und Menge des Gebrauchs, die erfolglosen Abstinenzversuche und das fortgesetzte Surfen trotz Wissens darum, dass es bescheuert ist – trifft alles zu. Fehlt eigentlich nur der Hinweis darauf, dass man als Süchtiger die Sucht oftmals kleinredet. Hoffentlich lesen diesen Abschnitt viele Lebensgefährten von Internetgestörten. Auf dass sie diesen Passus ihren Partnern laut und deutlich vortragen mögen!

Und was sagt der »Pschyrembel« über Entwöhnung? »Erfolgt durch Dosisreduzierung oder Abstinenz evtl. erst im Rahmen einer stationären Therapie, dann langfristig ambulant oder in therapeutischen Einrichtungen, möglichst wohnortnah und unter Einbeziehung von Freunden, Angehörigen. Chronisch Suchtkranke benötigen häufig zusätzliche spezielle Übergangseinrichtungen, betreutes Wohnen und geschützte Arbeitsplätze.« Das hatte ich im vergangenen halben Jahr alles: Wohnortnahes Büro. Langfristige Abstinenz. Starke Einbeziehung von Freunden und Familie. Aber was ist mit dem geschützten Arbeitsplatz? Da wird es ja in sechs Wochen wieder losprasseln.

26. APRIL

Ich muss nach New Jersey, um Keith Jarrett* zu treffen. Das Problem dabei: Man muss sich als europäischer Kurzbesucher beim amerikanischen Konsulat online registrieren. Analog geht es nicht. Als die Sekretärin das sagt, denke ich noch, ach da wird's schon irgendeinen Weg geben. Gibt es aber nicht. Ich bin heute Morgen im Regen zum Konsulat an der Prinzregentenstraße geradelt.

* US-amerikanischer Jazz-Pianist (*1945).

Dort hängen Infokästen, auf denen steht ebenfalls: Kurzbesucher online registrieren. Als ich einen der Wachmänner an der Pforte fragte, ob es einen anderen Weg gibt, zeigte er auf den Kasten und sagte in dem reizenden Ton, der amerikanischen Beamten seit dem 11. September so gut zu Gesicht steht: »Read! What's! Written! There!« Ich hab dann noch mal vom Büro aus im Konsulat angerufen und gefragt, ob es keinen anderen Weg gebe. Vorbeikommen. Faxen. Telefon. Was weiß ich. Ein Herr Schaller verneint freundlich aber bestimmt, das gehe tatsächlich nur noch online, keine Ausnahme. »Und wenn alte Leute nach Amerika wollen?« »Die meisten haben Kinder, die das für sie erledigen.«
Na toll, jetzt hab ich in der letzten Arbeitswoche vor dem letzten freien Monat genau die Situation, die ich nie haben wollte: Ich muss niedere digitale Dienste an eine Sekretärin delegieren. Die arme Heidi Hecht, ein Urgestein der SZ, die nächste Woche in Ruhestand geht, muss sich jetzt an ihrem Rechner durch den Irrgarten dieser Kurzvisa-Seite quälen. Nach einer Stunde bringt sie mir das ausgefüllte Formular vorbei. Sie hat die Fragen, ob ich an terroristischen Aktivitäten, Sabotageakten und/oder einem Völkermord beteiligt war, mit nein ausgefüllt. Woher will die denn das wissen? Immerhin bin ich eng verwandt mit einem Menschen, der beinahe schon mal das ganze Internet gelöscht hätte.

28. APRIL

Heute hatte ich meinen letzten Dienst offline. Ein Glück, ein Glück, auch der ging rum ohne große Katastrophen. Andrian Kreye, mein Chef, sagte danach, er sei überrascht, wie gut es geklappt habe, das halbe Jahr. Ich dachte, hast du eine Ahnung, aber nickte erleichtert.
Gar nichts hat geklappt. Der Tag hat einmal mehr gezeigt, dass das, was ich mache, eigentlich gar nicht geht. Dass ich auf die Hilfe meiner Kollegen angewiesen bin, wenn ich als Diensthaber noch funktionsfähig bleiben will. Wir machen die erste Seite auf mit einer

Geschichte über ein zensiertes Musik-Video von Romain Gavras*. Also muss ich für die Auswahl der Fotos in die Bildstelle, dort mit der Redakteurin das Youtube-Video ansehen, in dem Jugendliche durch Minenfelder geschickt werden, und aussagekräftige Screenshots raussuchen. »Oh mei«, murmelt die Redakteurin nach dem dritten explodierten Körper, »muas des sein?« Und ein Kollege aus dem Redaktionsausschuss bringt mir den Ausdruck einer Rund-Mail, in der er geschrieben hat: »Unserem Elektronenverweigerer werde ich das Ganze auf Tierhaut ritzen und vorbeitragen.«

* Französischer Regisseur (*1980).

MAI

Keith Jarrett redet über unser digitales Zeitalter, die Erde dreht sich als kleiner blauer Tropfen durchs leere All und unser Proband krabbelt auf einen kleinen Zeithügel, von dem aus er ein durchwachsenes Resümee seines Experiments zieht. Aber eines ist sicher: Nie mehr Blackberry!

1. MAI

Es ist 3.30 Uhr, ich sitze mit Jetlag in einem Hotel in Manhattan, in das ich gestern Abend meinen Körper verräumt habe. Neun Stunden Flug, dann ein Bus in die Stadt, bis Port Authority, wo direkt neben mir, am Fahrkartenautomaten für den A-Train, eine brutale Schlägerei ausbricht, bei der der Kopf eines Mannes gegen den Stahlautomaten fliegt. Der Mann geht blutend zu Boden, ein großes Klappmesser schliddert über die Fliesen, eine Frau schreit wie am Spieß, und ich nehme ein Taxi ins Hotel. Wo ich zwei Stunden lang damit beschäftigt bin, telefonisch einen Mietwagen aufzutreiben. Das heißt, erst mal muss ich mir ein Branchenverzeichnis besorgen. An der Rezeption reagieren sie zunächst, als würde ich nach einer Draisine oder einem Hammerklavier fragen. Sie bieten mir an, schnell für mich ein paar Autoverleiher zu googeln. Als ich sage, dass ich das nicht will, schauen sie mich entgeistert an. Am Ende geht ein schwarzer Rezeptionist in einen Nebenraum, bringt das Verzeichnis und händigt es mir stumm aus.
Eigentlich müsste ich jetzt raus, New York am Freitagabend, Leben, ich komme! Aber ich bin erschöpft, verstört und zerknittert. Wenn ich schon nicht ausgehe, sollte ich allerdings wenigstens die schweren Vorhänge beiseiteziehen. Direkt unter meinem Fenster eine Riesenbaustelle, auf der rund um die Uhr Betrieb herrscht. Jetzt verstehe ich, warum die strenge Concierge vorhin gefragt hat, ob ich Ohropax wolle: Ich schlafe direkt neben Ground Zero. Ich erkenne das an den drei klopsigen Türmen auf der anderen Seite des Kraters, die haben sich mir während des Zehn-Stunden-Loops am

11. September ins Gedächtnis gefräst. Damals habe ich nonstop ferngesehen, die apokalyptische Schleife: qualmender Turm, zweites Flugzeug, Explosion, schreiende Menschen an Straßenkreuzungen, die Staubwolke, Pentagon, das Feld in Pennsylvania, zurück in die Staubwolke, der zweite Turm fällt. Die gesamte Feuilletonredaktion hing stumm vor dem Fernseher. Heute säßen wir währenddessen alle vor unseren Rechnern.
Der Ober, der mir am nächsten Morgen 25 Meter von Ground Zero entfernt im Frühstücksraum Kaffee und Orangensaft bringt, heißt Mohammed.

2. MAI

Herrliche Fahrt nach New Jersey raus, durch sanftes Gehügel, die Landschaft saugt den Frühling in sich auf und gibt ihn als grünes Leuchten zurück. Das einzige Problem: Ich müsste Jarretts Manager anrufen. Habe mir dafür extra ein moderneres Handy mit sogenanntem Triband ausgeliehen, weil man das in den USA braucht, aber es funktioniert nicht.
In New York hängen mehrere Anzeigen für neue Smartphones. Alle betonen sie deren Geschwindigkeit oder besser: Dass sie einem dabei helfen, Schritt zu halten mit der enormen Geschwindigkeit unserer Tage. »Texting at hyperspeed«. Mir würde eine hyperlangsame Telefonzelle schon reichen, aber während sie bei uns erst auf der Roten Liste stehen, scheinen sie hier in Amerika schon endgültig ausgestorben zu sein. In dem kleinen Kaff, in dem Jarrett lebt, frage ich einen älteren Herren, ob es so eine Zelle noch gäbe, und er sagt, während er sich lachend die Baseballkappe in den Nacken schiebt und an einem braunen Furunkel auf seiner Stirn kratzt: »A phone booth? Ich glaube, die letzte Zelle habe ich in den Achtzigern gesehen.« Es scheint, als wolle das Schicksal, dass ich auch aufs Handy verzichte, und das ausgeliehene neue Ding findet kategorisch kein Netz.
In Jarretts Heimatort setze ich mich oberhalb des Friedhofs unter die Bäume und bereite mich auf das Gespräch vor. Plötzlich kommt

Wind auf, ich sitze in umherfliegenden Zeitungsseiten und Pappbechern, schaue einem Rudel Blätter zu, das die Straße runterjagt, und genieße das Ganze, der wilde Wind und dazu dieses kurze jähe Wissen darum, dass man irgendwo auf dieser Erde sitzt, die sich als kleiner blauer Tropfen allein durchs leere All dreht, und überall sitzen und gehen Menschen umher und machen ihr Zeug. Warum ist man auf Reisen empfänglicher dafür?
Jarrett nörgelt dann am Nachmittag in seinem wunderschönen Garten viel über unsere digitale Zeit. Er sagt, er sei seit 35 Jahren auf einem »anti-elektrischen Kreuzzug«. Die Kommunikation, die Intimität, die Nähe, all das verschwinde durch die Toys und Screens, schlimm, schlimm, schlimm, und ich fühle mich wie ein Allergiker inmitten einer Pollenwolke. Nicht schon wieder dieses diffuse Weltuntergangsgemäre! Aber dann lächle ich ihn einfach nur freundlich an und denke, was für ein Glück, dass der Mann Klavier spielt und keine Bücher schreibt.

10. MAI

Ist irgendwie mehr geworden bei dir, sagt unser Briefträger morgens, als er die Kästen bei uns im Vorderhaus abklappert. Ich frage ihn, seit wann ihm das aufgefallen sei. »Bücher hast ja immer schon bestellt. Aber jetzt kommen immer diese handgeschriebenen Briefe.« Gutes Zeichen, wenn's sogar dem Briefträger auffällt.
Ich frage ihn, ob er generell das Gefühl habe, dass die Leute weniger schreiben als früher. »Ja, logisch. Aber momentan wird's wieder mehr.« Oh, tatsächlich? Eine Renaissance der Briefkultur?
»Geh, Schmarrn, Briefkultur. Mehr Werbung.«
»Ach so, aber die handgeschriebenen Briefe werden weniger?«
»Ja natürlich, seit Jahren schon.«
»Ist doch praktisch, weniger Arbeit.«
»Schön wär's, die haben die Bezirke erweitert. Und die stehen uns mit der Stoppuhr im Nacken. Ich dürfte hier gar nicht mit dir reden.«

11. MAI

Thomas Mohol schrieb vor zwei Tagen, er werde voraussichtlich vorzeitig entlassen wegen guter Führung. Jetzt rufe ich seine Eltern an, bei denen er wohnt, wenn er Ausgang hat, um zu fragen, ob er vielleicht über Pfingsten auf Besuch komme. »Nein«, sagt seine Mutter. »Über die Feiertage darf keiner raus. Aber so wie's aussieht, ist er im August wieder draußen.« Ich gratuliere ihr. Das Gemisch aus Freude, Scham, Trauer und Stolz geben ihrer Stimme einen seltsam schlingernden Klang. Sie sagt noch, er könne mit den vielen Briefmarken, die sie ihm im Verlauf der Monate ins Gefängnis geschickt habe, draußen ein Postamt aufmachen, als Übergangslösung.

13. MAI

Auf meinen Rundbrief an die Münchner Gymnasien und Realschulen habe ich zehn Antworten bekommen. Nahezu alle Direktoren und Lehrer betonen, die Konzentrationsschwierigkeiten hätten nicht mit den Handys oder dem Netz, sondern mit dem Fernsehen angefangen, genauer gesagt mit den Werbeunterbrechungen, die die Filme zerrupfen. Mehrere Direktoren betonen jedoch auch, dass die schnelle Auffassungsgabe und Aufbereitung von Themen und Stoffen beeindruckend sei. »Man kriegt heute Referate geliefert, davon hätten Lehrer vor 20 Jahren nur träumen können«, sagt der Direktor des Albert-Einstein-Gymnasiums. Gisela Mertel vom Sophie-Scholl-Gymnasium ergänzt, es sei beeindruckend, wie schnell die Schüler Sachtexte nach Informationen zu durchsuchen in der Lage seien. Mertel hält die Angst vor dem Internet für überzogen. »Als ich selbst jung war, empfanden unsere Eltern es als Katastrophe, dass wir uns plötzlich täglich von Plattenspielern beschallen ließen. Ist halt gerade mal wieder Kulturschock, aber das wird sich einpegeln. Richtig problematisch sind die sechsten und siebten Klassen. Wie die sich teilweise dissen im Netz, das ist grauenhaft. Vor kurzem kam die Jugendpolizei an die

Nachbarschule. Da hatten ein paar Jungs ein Facebook-Foto von einem Klassenkameraden zusammen mit dessen Telefonnummer ausgedruckt und am Scheidplatz aufgehängt. Da ist der Schwulenstrich. Bei dem Jungen stand das Telefon nicht still.«

Eine Realschulklasse diskutierte im Ethikunterricht derart hitzig über meinen Selbstversuch, dass der Lehrer sie bat, mir zu schreiben. Die meisten Schüler betonen in ihren Briefen, dass sie das niemals schaffen würden, sechs Monate ganz ohne, wobei sie unterschiedliche Erklärungen dafür haben:

»In der heutigen Zeit und vor allem bei unserem momentanen Wetter kann man gar nichts anderes machen, als sich vor den Computer zu setzen.«

»Ich bin erst vor kurzem nach München gezogen und muss mir hier neue Ärzte suchen. Da ist das Internet sehr hilfreich, hätte ich keines, müsste ich in meiner Gegend suchen gehen oder die Bürger fragen. Dies wäre mir aber sehr unangenehm.«

»Ich find Ihr Experiment schon interessant, aber auch ein bisschen verwunderlich. Wie halten Sie es denn aus, ohne Ihr Handy, mit Freunden in Kontakt zu bleiben? Klar kann man sich auch spontan treffen, aber wie ohne davor Bescheid zu bekommen? Die Vorstellung, keinen Computer oder kein Internet benutzen zu dürfen, ist für mich völlig unvorstellbar.«

»Selbstversuch ohne Internet ist totale Zeitverschwendung und erschwert einem sinnlos Zugang an Informationen.«

Der Lehrer dieser Realschüler sagt, als ich ihn anrufe, um mich für die Briefe zu bedanken, er habe das Gefühl, die Handys seien mittlerweile Körperteile der Schüler: »Wie das alle zwei Minuten aus der Hosentasche in die Hand rutscht: kurzer Blick, ob neues Leben drin ist, und zurück in die Tasche. Wenn die Tür des Klassenzimmers aufgeht, kommt meist erst das Handy rein und dann der Schüler.« Er lacht und ergänzt, er verstehe schon, dass die Schüler so viel ins Netz flüchten, »die leben in pädagogisch rundum betreuten Räumen. Wann können die frei spielen, irgendwo draußen, stundenlang, nur für sich? Die sitzen nachmittags in ihren Zimmern und wären gern woanders. Gehen sie halt stattdessen ins

Netz.« Als er das sagt, fällt mir der Junge wieder ein, der seit Wochen am Rand meines Langzeitgedächtnisses entlangläuft, mittags um halb eins, an der Kapuzinerstraße, mit seinem hinterherschleifenden Jackenärmel und dem Handy am Ohr: »Ja, ich komm jetzt. Hab ich. Ja.«

Der Direktor des Lehrinstituts Bauer klagt bei einem Telefonat, seine Schüler seien »absolut abhängig und zwar flächendeckend. Die höchste Strafe ist für die, wenn man ihnen das Handy wegnimmt. Wir machen das seit einiger Zeit rigoros. Wer mit Handy erwischt wird, der ist es bis zum Schuljahresende los. Das Problem ist nur, dass sie nach zwei Tagen ein neues haben. Die halten's nicht aus ohne.« Er habe viele Spielsüchtige an der Schule, die »im Leben überhaupt nicht mehr zurechtkommen. Deren Eltern sind vollkommen hilflos und verhalten sich wie Co-Abhängige: Solche Jugendliche sind wie Höhlenmenschen, die nicht rausgehen, solange Fleisch daliegt und die Höhle warm ist.« Als ich frage, ob er nicht stark generalisiere, sagt er: »Wenn Sie mir nicht glauben, kommen Sie vorbei, ich gehe mit Ihnen durch alle Klassen.«

14. MAI

All meine Projektionen zu Axels ganz und gar freiem Leben erhalten einen Dämpfer, als wir ihn auf der Flaucherwiese zusammen mit seinem Sohn und seiner Frau Katalin treffen. Als sie hört, wie ich von seiner inneren Autarkie schwärme, zieht sie die Augen etwas spöttisch zusammen und sagt, der habe schon auch »ein ziemlich inniges Verhältnis zu dieser Maschine«. Sie meint sein neues weißes Smartphone, an dem er gerade wieder zugange ist, weshalb man momentan nur den Scheitel seiner Haare sieht. Und man muss sich schon sehr anstrengen, um seine lasche Replik, das stimme doch gar nicht, zu hören, so leise, wie er sie auf sein Display hinuntermurmelt. Als er dann aber aufblickt, sagt er, ich würde in Sachen lebenstechnischer Freiheit viel zu viel in ihn hineingeheimnissen. »Meine ganze Arbeitskonstruktion ist doch enorm wackelig, und ich quäl mich viel rum, sowohl mit dem Onlinekram als auch mit den Texten, die ich für mich schreibe. Außerdem funktioniert die Balance nur, weil – Katalin als Lehrerin, mit ihrem sicheren Einkommen und ihrer Festanstellung; ich mit dieser freien Konstruktion, da lebt jeder für den anderen was mit.«

16. MAI

In Axels Bürowohnung lebt noch ein netter junger Mann, der in einem nahe gelegenen Kindergarten ein soziales Jahr macht. Sven spielt jeden Nachmittag, wenn er von der Arbeit mit den Kindern kommt, erst mal zwei Stunden Krieg, am liebsten ein Rollenspiel namens »Call of Duty IV«. Er telefoniert sich per Skype mit ein paar Dortmunder Freunden zusammen und klönt mit ihnen, während er auf deren Soldatenavatare ballert. Und er sagt: »Wenn das stimmt, was die Medien über Amokläufer schreiben, hätte ich längst losziehen müssen. Mir haben sie um einen einzigen Punkt mein Abi nicht gegeben. Und ich hab damals schon täglich gespielt. Hab das optimale Profil: Egoshooter und Schulversager.« Während er das erzählt, läuft sein Soldat durch eine Kriegsruinenlandschaft, könnte Bagdad sein oder Beirut, ballert, lädt, ballert, springt hinter einem Hinterhalt hervor, ballert, lädt, der Bildschirm ist kurz blutverschmiert, scheint getroffen zu haben, sein Avatar läuft weiter, und Sven sagt ins Headset zu seinem toten Freund: »Alter, hast geschlafen, oder was?«
Das war gestern. Gerade eben sah ich ihn mit zehn Kindergartenkindern, wie er bunte Becher auf einen Holztisch stellte.

20. MAI

Ein Vormittag im Lehrinstitut Bauer, ich gehe durch zwei zehnte und zwei zwölfte Klassen. Im ersten Klassenraum, in den ich komme, liegt an der Tafel ein iPhone, das gerade aufgeladen wird. »Wie jetzt? Euer Direktor hat mir am Telefon gesagt, er nimmt euch die Handys sofort ab und verwahrt sie dann bis zum Ende des Schuljahres.« Großes Gelächter. Einer ruft aus der letzten Bank: »So einen großen Schrank hat der gar nicht.«

Ich erzähle von meinem Experiment und von meinem neurotischen Verhältnis zu meinem Blackberry. Spätestens, wenn ich von Thomas Mohols Phantomschmerz im Gefängnis berichte, dem Vibrieren in der leeren Hosentasche der Anstaltskleidung, gehen in den Klassen jedes Mal die Schleusen auf, kenn ich, hab ich täglich, alter Hut: »Oft halte ich das Handy in der Hand und glaube trotzdem, das Summen in der Tasche zu spüren.« – »Wenn ich zu Hause bin, hab ich manchmal das Gefühl, mein Zimmer vibriert.« – »Ich hör's oft läuten, obwohl's aus ist.« – »Ich sehe oft aus dem Augenwinkel das rote Signalleuchten, obwohl das Ding gar nicht an ist.« – »Bei ganz vielen Alltagsgeräuschen denk' ich: iPhone klingelt.«

Die Konrektorin des Sophie-Scholl-Gymnasiums hatte in ihrem Brief betont, dass wir alle momentan einfach noch nicht wüssten, »wie man mit diesen Dingern umgeht«. Das Smartphone auf dem Hausaufgabentisch liegen zu haben ist ungefähr so sinnvoll, wie Hausaufgaben im Kino zu machen.

Facebook gehört zum Lebenshintergrund dazu wie die Schule oder das Zuhause. Immer heißt es, man verpasse was, wenn man nicht reinschaue. Klingt wie ich, mit meinen Mails früher. Als eine Schülerin sagt, das sei halt so schön, wenn man zu Hause sei und trotzdem bei allen anderen, muss ich an Gerhard Polt denken, der mir mal erzählte, er habe bei Sabine Christiansens Talkshow mit der Begründung abgesagt, um die Zeit könne er leider prinzipiell nicht, da sei er nämlich immer daheim. »Das wollte die partout nicht akzeptieren«, sagte Polt verwundert. Ich verstehe nicht, warum ich nicht absagen kann mit der Begründung, ich wohne gerne. Das hat einen hohen Stellenwert für mich. Warum gilt das nicht als Entschuldigung?«

Ein Schüler ruft: »Ey, was wollen Sie, ich hab vor ein paar Tagen mal ausgemacht.«

»Oh, wie lange denn?«

»Eine Stunde.«

Ein Mädchen sagt, sie würde ihr Handy gern manchmal ausmachen, das gehe aber nicht, sie brauche das Simsen.
Ihre Nachbarin: »Stimmt, du schreibst mehr als hundert am Tag.«
»Gar nicht wahr. Fünfzig. Höchstens.«
Die Nachbarin: »Schau doch, wie rot du wirst. Achtzig, Mindestens.«
Eine Bank weiter sagt ein Junge, er habe sein Handy immer bei sich. »Aber abhängig? Wenn wir im Sommer in das türkische Dorf fahren, aus dem meine Eltern kommen, bin ich jedes Mal sechs Wochen offline. Ohne Probleme.«
Das Mädchen, das öfter das Gefühl hat, ihr Zimmer vibriere, stimmt ihm zu: »Also, abhängig, ich weiß nicht.«
Ihre neben ihr sitzende Schwester: »Ich glaub's ja nicht! Natürlich bist du abhängig. Du nimmst den Blackberry doch mit unter die Dusche!«
»Moooment! Ich nehm ihn nur mit ins Bad, aber ich leg ihn aufs Waschbecken, solange ich dusche.«
»Und was war beim Joggen?«
Die erste sagt: »Oh nein«, und hält sich kichernd die Hände vors Gesicht.
»Die geht immer mit Handtasche joggen, um das Ding dabeizuhaben. Dann simst sie während des Laufens. Einmal ist ihr der Blackberry dabei runtergefallen, und ein Auto ist drübergefahren. Danach hat sie mich halb verrückt gemacht, alle drei Minuten hat sie mir meines abgenommen, um ihren Facebook-Account zu checken.«
»Höchstens alle fünf Minuten«, sagt die Schwester lachend hinter ihren Händen.

21. MAI

Eine Freundin fragt, wie denn das halbe Jahr nun gewesen sei. Ich sage: »Herrlich. Wunderschön. Und vor allem war ich erstaunt, wie gut das im Dezember geklappt hat, fünf Uhr aufstehen, zwei Stunden schreiben, Sohn in die Schule bringen und dann in die

Arbeit.« B. sagt: »Naja, dafür lagst du dann an fast allen Wochenenden kränkelnd oder k. o. im Bett.«

22. MAI

Mein innerer Stadtplan hat sich im Lauf der Monate geändert. Ich habe Telefonzellen und Briefkästen früher gar nicht wahrgenommen. Heute blinken sie wie vertraute Leuchttürme in mein Blickfeld. Und ich könnte auf einem Stadtplan mein eigenes Kommunikationsnetz einzeichnen: Da ist das Telefon, an dem das geheimnisvolle Käse-Leinsamen-Sex-Post-it hing. An dem Kasten habe ich immer meine Karten eingeschmissen, da vorne ist der mit der späteren Leerungszeit, und an dem habe ich mal abends unseren Briefträger abgefangen und ihm noch zwei Karten in den Sack geschmissen. – Während ich jetzt durch die Stadt radle, nehme ich Abschied von all diesen Krücken meiner analogen Zeit. Sie werden, wenn ich online bin, wieder verblassen und mit der Zeit im Stadthintergrund verschwinden.

26. MAI

Letzte Postkarten, letzte Briefe. Aufräumen bei Axel. Und vorhin mein letztes Fax geschickt (hoffentlich): Am Postamt im Hauptbahnhof sagen sie, also Faxgerät, so etwas hätten sie lange schon nicht mehr, aber angeblich gebe es noch eines im Karstadt. Im Karstadt irre ich durch alle fünf Stockwerke, am Ende sagt eine Verkäuferin in der Hosenabteilung, nebenan, in der Fußgängerzone, sei ein Internetcafé. Und tatsächlich: Im Coffee Fellows haben sie noch ein Faxgerät. Die junge Frau an der Kasse hat das seltsame Gerät aber allem Anschein nach noch nie bedient, sie nähert sich ihm mit beeindruckend behutsamer Furcht, schaut mit Giraffenhals auf all die Knöpfe herunter wie auf ein bissiges Tier und murmelt: »Und wo gibt man da jetzt die Nummer ein?«

31. MAI

Heute Nacht werden auf meinem SZ-Rechner wieder Mozilla Firefox, Internet Explorer, Skype und Lotus Notes installiert. Morgen früh will ich dann in der SZ vor ein paar Zeugen in meinen digitalen Rotlichtbezirk schauen, die vielen tausend ungelesenen Mails. Soll ich die alle auf einmal löschen? Und soll ich ansonsten einfach da weitermachen, wo ich am 30. November aufgehört habe?

Was tun gegen die World-of-Workcraft-Sucht, zu der Fron-Naturen wie ich neigen? Ich hab Angst davor, zu Hause wieder digital zu verflusen, bis Mitternacht am Tropf zu hängen und auf das Brummen meines Blackberrys mit ähnlichem Speichelfluss zu reagieren wie der Pawlow'sche Hund auf die Schrittgeräusche seines Herrchens.

In der Arbeit aber freue ich mich ganz und gar darauf, wieder ein normaler Mensch zu sein. Alle Rund-Mails zu kriegen. Selber Mails zu schreiben. Durch den ganzen Reichtum zu surfen, den das Netz bereithält. Mit meiner schlagfertigen Freundin Sonja zu skypen.

Und sonst? Was sehe ich, wenn ich von meinem kleinen Halbjahreshügel zurückblicke auf diese analogen 182 Tage? Was ist im Gedächtnis geblieben? Die Verwunderung über das knorpelig kalte Bein der Ente. Die ruhigen Momente, wenn es sich so anfühlte, als würde ich eine Schale klaren Wassers durch die Gegend tragen: Ein paar Mal auf dem Fahrrad, ein paar Mal zu Fuß. Der verschnupfte Tag im Zendo. Der gellende Schrei des kleinen Jungen, der überfahren wurde.

Und wenn ich mich auf meinem Hügel umdrehe und in Richtung Zukunft schaue? Habe ich dann irgendwelche lebensbefördernden Ratschläge? Klar. Aber die haben nur vermittelt mit dem Netz zu tun. Offen bleiben, trotz der ganzen Riesenscheiße um einen rum. Wenn das mal nicht geht, Bach hören. Oder die Sängerin Gustav. Oder – ach hört doch, was ihr wollt! Lesen. Arbeiten. Radfahren, die Isar hoch, bis man nicht mehr kann. Alle Autos verkaufen! Flugzeuge runterholen! Und dann nehmt euch Zeit füreinander, auf den Flughäfen und verwaisten, pusteblumensamenübersäten Landebahnen. Die geht nämlich so grausam schnell rum. Schade, dass das halbe Jahr schon zu Ende ist. Amen.

EIN JAHR SPÄTER

Alles ist anders. Und vieles bleibt gleich.

Ein Jahr später, wieder auf Elba. So viel hat sich geändert: Eine ganze Weltgegend ist im Umbruch, seit sich ein tunesischer Gemüsehändler selbst verbrannt hat und seine Freunde auf Facebook zu Versammlungen aufriefen. Ein deutscher Verteidigungsminister* musste gehen, weil er die Kraft des Netzes völlig unterschätzt hatte; innerhalb von 24 Stunden war er auf Guttenplag vor aller Augen als Plagiator entlarvt ...
Also noch mal: Ein Jahr später, wieder auf Elba. Nichts hat sich geändert. Das Mittelmeer glitzert, die Zikaden sägen die Luft an und sogar das Vogelnest in der Hecke unterhalb unserer Treppe ist wieder belegt. Nur einer hat sich verändert, ein wenig zumindest: Ich!
Hier, auf Elba, in diesem Haus, hat vor genau zwei Jahren alles angefangen: Ich hatte damals den Blackberry daheimgelassen, in einer Art jugendlichem Überschwang, weil ich dachte, wollen doch mal sehen, wer von uns beiden stärker ist, zwei Wochen offline, schaff ich locker. Mein Blackberry lag dann zu Hause auf dem Schuhschrank und blinkte vierzehn Tage lang stoisch in den leeren Flur hinein, ich aber saß hier auf der Terrasse und war vom ersten Morgen an der Schwächere von uns beiden: es nagte, saugte, zog in mir, meine Mails, meine Mails, hibbeldihibbel, naja, hab ich ja alles erzählt, damals, in meiner Fastenzeit, lang ist sie her.
Jetzt aber sitz ich hier, wieder offline auf Probe, wieder ohne Blackberry, wieder zwei Wochen ohne Netz, und diesmal ist es völlig okay. Mir fehlt: nichts. Ich sitze hier, beobachte die Ameisen dabei, wie sie die Krümel meines Croissants davonschleppen und wundere mich darüber, dass sie keine Pfirsichschalen mögen. Und wie erkennen die einander überhaupt? Hochinteressant, das alles. Aber nichts zieht, nichts nagt, kein Saugen. Sagenhaft. Wunderheilung.

---

* Karl-Theodor zu Guttenberg (*1971), Verteidigungsminister von 2009 bis 2011; legte sein Amt nieder, als festgestellt wurde, dass er große Teile seiner Doktorarbeit abgeschrieben hatte.

Totale Befreiung. Folget mir nach, ihr, die ihr mühselig und beladen seid, kommet herbei, leget ab das Netz und all eure zappeligen Suchtsymptome, auf dass es euch wohlergehe und ihr eingehen möget ins Reich der analogen Freiheit.

Bullshit. Eh klar. Jetzt, hier, im Urlaub, während die Ameisen lautlos ihren jahrmillionenalten Aufräumarbeiten nachgehen und ich auf diese gerade entstehenden Zeilen starre, jetzt also ist alles wunnebar und die Welt ein kugelrundes, glücksglänzendes Ganzes. Zuhause aber, in der Arbeit, da ist alles wie ehedem. Offenes Mailprogramm, offenes Netz, es prasselt und quasselt, ameisengleich, und icke mittendrin.

Wer nun sagt, ich sei ein Digitalverächter, dem kann ich nach all diesen Seiten auch nicht mehr helfen, ich bin heilfroh, wieder online zu sein, was Klügeres als das Internet gibt's auf Erden nicht. Aber wer mir noch mal erzählen will, dass das Netz keine Ablenkungskraft habe, den werde ich anschauen wie einen Zeugen Jehovas, oder nee, die tun mir ja immer so leid, wie sie mit ihrem tapferen, fadendünnen Lächeln in zugigen Unterführungen stehen und ihre schlecht layouteten Broschüren hochhalten, ich werde den Ablenkungsverleugner anschauen wie jemanden, der mir erklärt, der Mensch stamme nicht vom Affen ab.

Ich hab jetzt beides erlebt, das Leben mit und das Leben ohne Internet. Und ich weiß: Die Ablenkungskräfte sind ungefähr so stark wie der Moskenesstraumen, das ist dieser Mahlstrom vor den Lofoten, der angeblich den stärksten Gezeitensog der Welt hat, wer da reingerät, den zieht das Wasser hinaus auf den offenen Ozean, wo er dann zwischen Facebook-Buttons, Twitter-Feeds, Youtube-Videos und Mails umhertrudelt. Das halbe Jahr war elend mühsam. Aber ich habe in den sechs Monaten im Büro konzentrierter gearbeitet als vorher und danach. Der beste Beweis ist diese Zahl: 5644. Wollen ja immer alle wissen, bei jeder Lesung und jedem Tischgespräch, in dem es um dieses Buch oder mein Experiment geht. Nach dem halben Jahr haben 5644 Mails in meinem Account auf mich gewartet. Wenn man es auf das halbe Jahr verteilt, waren es 30 pro Tag. Deutlich weniger als sonst, was aber auch kein Wunder ist, irgendwann haben die Leute eben begriffen, dass ich weg war. Jetzt heißt es wieder 50 bis 60 mal am Tag: Sie haben eine neue Mail.

Als ich den Mann von der IT am allerletzten Tag meines Experiments anrief, um ihn zu bitten, mir in der Nacht wieder Firefox und den ganzen Rest auf den Rechner zu spielen, wusste der zunächst mal gar nicht, was ich meine. Als ich anfing zu erklären, lachte er plötzlich los: »Ach, Moment, jetzt fällt's mir ein: Sie sind dieser Irre!«

»Ja. Genau der.«

»Krass. Ganz krass. Wie sind Sie eigentlich drauf? Wenn ich wählen müsste zwischen Internet wegnehmen und kleinen Finger abhacken, ich würde nicht eine Sekunde zögern.«

»Oha. So schlimm?«

»Was heißt da schlimm? Ich könnt' nicht leben ohne Netz. Ohne Finger schon. Wann holen Sie denn Ihren Blackberry wieder ab?«

»Den will ich nicht mehr haben. Habt ihr nicht noch so ein altes Nokia-Handy?«

»Mann, wie wär's mit nem Grammophon.«

Der nette Mitarbeiter fand, als er dann fertig war mit seinem Gefrotzel, tatsächlich noch ein altes Nokia, so einen Knochen, mit dem man, wenn man siebenundzwanzig Knöpfe drückt und dreieinhalb Minuten wartet, tatsächlich Mails abrufen kann, ohne freilich drauf antworten zu können.

Das ist das zweite, was immer gefragt wird: Ob ich nicht Tipps hätte in Sachen Internetkonsum. Ja, diesen einen Tipp hab ich, zumindest für all die willensschwachen Junkies wie mich: Tauscht eure Smartphones ein gegen so einen Knochen, das macht euch unabhängiger. Leute, brecht nachts in die Technikmuseen eurer Stadt ein und holt euch solch ein Ding. Wunderbar. Das ist Gold wert. Weil ich's mir dadurch selbst schwer mache. Und nicht permanent poste, kucke, maile. Mehr hab ich aber nicht zu bieten. Klar würd ich gerne den lebenspraktischen Weihnachtsmann spielen und jetzt alle reich beschenken mit handlichen PowerPoint-Tipps und Kochrezepten. Aber die meisten dieser Tipps wären bil-

liger Selbstbetrug. Ich hab in Sachen kontrolliertem Netzkonsum sehr viel rumprobiert »in der Zeit danach«: Hatte einen cleanen Rechner und einen mit Netzanschluss – mit der Folge, dass ich permanent zwei Rechner anhatte, man muss ja dauernd irgendwas nachschauen. Also hab ich das wieder aufgegeben. Sinnvoll dagegen war es, alle Klingeltöne und Popup-Fenster ein für allemal abzustellen und damit selbst zu entscheiden, wann man welche Mail öffnet. Der Briefträger schwingt sich schließlich auch nicht mit dem Enterhaken übern Balkon in die offene Küche, während man gerade summend am Kochtopf steht. Nein, er legt all die Herzensergüsse, Canzonen und Steuerbescheide diskret in unsere Kästen, wofür er gesegnet sein möge. Dumm nur, dass ich selber permanent in Versuchung bin, aus der Küche zu stürmen und in den Briefkasten zu kucken, vulgo: meine Mails zu checken.
Tja … Es gibt keine Patentlösung, es gibt nur Dag Hammarskjölds* schöne Sätze: »Jeder Tag der erste. Jeder Tag ein Leben.«

* Schwedischer Politiker (1905–1961), erhielt 1961 den Friedensnobelpreis.

Alex Rühle wurde 1969 geboren. Er studierte Literaturwissenschaft, Romanistik und Philosophie in München, Paris und Berlin. Der erfolgreiche Journalist hat auch als Entwicklungshelfer, Kellner und Klinikclown gearbeitet.
Seit 2001 ist er Redakteur im Feuilleton der *Süddeutschen Zeitung*.
Alex Rühle ist verheiratet, hat zwei Kinder und lebt in München.